Lotte Bormuth
SPURGEON

Lotte Bormuth

Spurgeon

... und er predigte in Vollmacht

FRANCKE
Verlag der Francke-Buchhandlung GmbH

Bibliografische Information Der Deutschen Bibliothek
Die Deutsche Bibliothek verzeichnet diese Publikation in der Deutschen Nationalbibliografie; detaillierte bibliografische Daten sind im Internet über http://dnb.ddb.de abrufbar.

ISBN 3-86122-644-8

35037 Marburg an der Lahn
Umschlaggestaltung: Henri Oetjen, DesignStudio Lemgo
Satz: Verlag der Francke-Buchhandlung GmbH
Druck: St.-Johannis-Druckerei, Lahr-Dinglingen

Inhaltsverzeichnis

Meine erste Begegnung mit Spurgeon

Als ich mein Abitur bestanden hatte, schenkte mir eine mütterliche Freundin ein kleines blaues Büchlein. Es trug den Titel „Kleinode göttlicher Verheißungen“ und war von Charles Haddon Spurgeon verfasst. Das war meine erste Begegnung mit diesem gesegneten Evangelisten und Prediger. Jeden Tag las ich eine Verheißung und freute mich über die Zusagen meines Herrn. So wurde der Beginn meines Theologiestudiums durch diesen begnadeten Erweckungsprediger geprägt. Durch seine täglichen Schriftauslegungen habe ich viel Stärkung und Glaubensmut erfahren.

Es lohnt sich, das Lebensbild dieses außergewöhnlichen Menschen zu betrachten. Er war ein Mann mit herausragenden Fähigkeiten, der mit einer solchen Intensität und Hingabe die Sache Gottes zu seiner eigenen machte, dass wir nur staunen können. Der Volksmund nennt ihn gerne den Fürsten unter den Predigern.

Die Kindheit von Charles Haddon Spurgeon

Charles Haddon Spurgeon wurde am 9. Juni 1834 in Kelvedon, einer kleinen Ortschaft in der Grafschaft Essex, in England geboren. Er wuchs zunächst bei seinen Großeltern auf und siedelte später zu seinen Eltern nach Colchester über. Dort verlebte er mit zwei Schwestern und einem Bruder eine schöne Kindheit.

Aber auch die Zeit im Pfarrhaus von Stambourne, wo sein Großvater als Pfarrer wirkte, bedeutete für den Jungen Freude und Geborgenheit.

Es war ein vornehmes Haus mit acht Fenstern an der Vorderfront, vier davon waren jedoch zugemauert und schwarz angestrichen. Weiße Linien auf schwarzem Untergrund deuteten die Fensterrahmen und Scheiben an. In der damaligen Zeit wurde eine Steuer für alle Luxusartikel erhoben, und anscheinend hielt man das Licht, das auf lateinisch „lux" heißt, auch für einen Luxus. Da das Gehalt eines Predigers gering war und er sparen musste, wurde ein Zimmer nach dem anderen der Dunkelheit übergeben, indem man die Fenster zumauerte. So brauchte man weniger Steuern zu bezahlen.

Das Pfarrhaus besaß eine große Halle. Der Fußboden war immer mit frischem Sand bestreut. Über dem Kamin hing ein Gemälde, das David im Kampf mit dem Riesen Goliath zeigte.

Zur Freude des kleinen Jungen stand in der Diele ein Schaukelpferd. Spurgeon behauptete später: „Dies war das einzige Pferd, auf dem ich je geritten bin. Vierbeiner bewegen sich zu ungleichmäßig, und das Gesetz der Schwerkraft hätte mich unweigerlich nach unten gezogen. Auf diesem Ross in Stambourne hätte auch ein Parlamentsabgeordneter seinen Sitz behaupten können."

Weiter berichtet Spurgeon: „Ich erinnere mich noch gut, dass auf dem Kaminsims der Großmutter eine Flasche lag, in der ein ausgewachsener Apfel steckte. Für mich war dies ein großes Wunder. Ich fragte mich zu Recht: Wie kommt der Apfel in eine so kleine Flasche, da weder der Flaschenboden noch der Hals abzuschrauben waren? Ich wusste keine Lösung. Das war mir ein Rätsel.

Eines Tages, es war im nächsten Sommer, sah ich durch Zufall unter einem Ast ein anderes Fläschchen hängen. In dieser Flasche wuchs ein kleiner Apfel, der durch den Flaschenhals gesteckt worden war, als er noch hindurchpasste. Mein Geheimnis war gelüftet. Diese Entdeckung meiner Kindheit diente mir später als Illustration: Lasst uns den Apfel in die Flasche bekommen, solange er noch klein ist. Anders ausgedrückt: Lasst uns die Kinder in Gottes Haus, die Sonntagsschule oder den Gottesdienst bringen in der Hoffnung, dass sie den Ort später lieben, an dem sie in früher Kindheit Gottes Ehre kennen gelernt haben, damit sie dort Christus, ihren Heiland, finden. Langweilige und öde Sonntage säen hingegen in die jungen Gemüter nur Vorurteile gegen die Religion; wir würden also genau das Gegenteil erreichen. Auch die Predigten dürfen nicht so lang und trocken sein, dass junge

Menschen dadurch ermüden. Bei interessanten, fesselnden Predigten und liebevollen Lehrern, die dem jungen Herzen die Wahrheit nahe bringen, werden wir nicht zu beklagen haben, dass die nachfolgende Generation ihre geistliche Heimat vergisst.

Eine besondere Liebe hegte ich für meine Großmutter. Sie stand oft in der Kammer, in der der Ofen, die Mangel und der Backtrog untergebracht waren. Wie oft ging ich zu diesem Backtrog hin. Er hatte an der Seite eine kleine Ausbuchtung, in die Großmutter immer etwas für mich legte: ein Stück Teig. Je nach Größe nannte ich es Schwein oder Hase. Diese Figuren hatten kleine Ohren und zwei Korinthen als Augen. Sorgfältig lagen sie in diesem Schrein wie einst das Manna in der Bundeslade. Liebe Großmutter, was hast du alles getan, um mich zu verziehen! Wie wertvoll ist mir die Erinnerung an dich! Ob du wohl jetzt vom Himmel auf deinen verhätschelten Enkel herabschaust? Denkst du etwa, es wäre besser gewesen, wenn du hart und unerbittlich gewesen wärest? Ich meine nicht.

Ein Zimmer im Haus war besonders heimelig. Vom Schlafzimmer konnte man in diese Kammer gelangen, die wegen eines zugemauerten Fensters zu einer finsteren Höhle geworden war. Aber sie enthielt viele Bücher, und so wurde diese Höhle für mich zur Goldmine. Hier wurde ich zum ersten Mal mit den Märtyrern des Reiches Gottes und mit Bunyans ‚Pilgerreise zur seligen Ewigkeit' vertraut gemacht. Selbst bei verrammelten Fenstern schien das Licht des Evangeliums, und die ewigen Wahrheiten leuchteten in meinem Leben auf wie die Sonne."

So weit ein kurzer Auszug aus seiner Biografie.

Spurgeon als kleiner Missionar

Schon als kleiner Junge wurde Spurgeon zum Missionar. In der Gemeinde seines Großvaters gab es einen Mann, der gern im Gasthaus saß und Bier trank, sehr zum Verdruss des Pastors. Der kleine Charles hatte bemerkt, wie traurig der Großvater über sein verlorenes Schaf in der Gemeinde war, und erklärte plötzlich: „Ich werde den alten Roads töten. Jawohl, das werde ich tun."

„Sachte, sachte, mein Junge", sagte der alte Herr, „so darfst du nicht reden, sonst wirst du von den Polizisten eingesperrt, weil du etwas Böses tust."

„Ich werde nichts Böses tun, Großvater, aber ich werde ihn trotzdem töten."

Der Großvater war zwar über seinen Enkel erstaunt, aber da er wusste, dass das Kind nichts Unrechtes tun würde, ließ er die Sache auf sich beruhen.

Kurz danach wurde das Gespräch mit dem Enkel wieder lebendig, als dieser kam und sagte: „Ich habe den alten Roads getötet. Er wird meinen lieben Opi nie mehr betrüben."

„Mein liebes Kind, was hast du getan? Wo warst du?"

„Ich habe das Werk des Herrn getan, sonst nichts", gab der kleine Charles zur Antwort. Weiteres war aus dem kleinen Kerl nicht herauszubekommen.

Aber schon bald wurde das Geheimnis gelüftet. Der alte Roads kam und erzählte mit niedergeschlagenen Augen und offensichtlicher Trauer seinem Pastor Folgendes:

„Ich bin sehr traurig, lieber Herr Pastor, ich habe Ihnen viel Kummer und Schwierigkeiten gemacht. All mein Tun war falsch, ich weiß. Ich saß gerade in der Gastwirtschaft und rauchte meine Pfeife. Vor mir stand ein Krug Bier. Da kam ein Kind herein. Der Junge zeigte mit dem Finger auf mich und sagte: ‚Was tust du hier, Elia? Du sitzt bei den Gottlosen und brichst deinem Pastor das Herz. Ich schäme mich für dich. Als Gemeindeglied würde ich nicht das Herz des Pastors brechen.' Dann ging der Junge wieder weg. Sicher, ich war erst sehr ärgerlich, aber ich wusste, dass ich schuldig bin. So legte ich meine Pfeife hin, rührte mein Bier nicht mehr an, suchte mir einen einsamen Ort, betete dort zu dem Herrn, bekannte meine Sünden und bat um Vergebung. Ich weiß und glaube, dass mir der Herr in seiner Gnade vergeben hat. Und nun komme ich zu Ihnen, um auch Ihre Vergebung zu erbitten. Ich will Sie nie wieder betrüben, Herr Pastor."

Diese Bekehrung war aufrichtig. Bis zu seinem Lebensende vertraute sich Roads dem Herrn an. Als seine Todesstunde nahte und der Pfarrer ihm aus der Bibel etwas vorlesen und mit ihm beten wollte, sagte der alte Roads:

„Ich konnte nie ein Wort aus der Bibel selbst lesen, ich war Analphabet, aber ihre Seiten habe ich alle gezählt."

In diesem Ausspruch zeigt sich die Liebe dieses Mannes zu Gott und seinem Wort.

Eine wichtige Lektion

Die Beziehung Spurgeons zu seinem Großvater war herzlich und innig. Einmal musste der Junge zum Einkaufen gehen. Dabei wurde ihm eine Lektion erteilt, die später für ihn als Prediger des Evangeliums sehr wichtig war. Er berichtet darüber:

„Man hatte mich mit einer Tasche zum Einkaufen geschickt. Ein Pfund Tee, ein Viertelpfund Senf und drei Pfund Reis hatte ich in meiner Tasche, als ich auf dem Nachhauseweg ein Rudel Hunde sah, dem ich über Hecken und Gräben folgte. Als ich schließlich zu Hause ankam, stellte ich fest, dass sich Senf, Reis und Tee in meiner Tasche zu einer undefinierbaren Masse vermischt hatten. Damals habe ich begriffen, dass ich meine Themen gut verpacken muss, eingebunden in den Faden meiner Rede. Deshalb gehe ich nach erstens, zweitens, drittens vor, so unmodern diese Methode auch sein mag. Menschen mögen kein Senf-Reis-Tee-Gemisch, und deshalb mögen sie auch keine Wirrwarr-Predigten."

Eine entscheidende Begegnung

Später musste Charles seinen Großvater verlassen. Dies machte den Jungen sehr traurig. Auch der Großvater schien sehr traurig zu sein, und beide weinten, als die Trennung nahte.

„Nun, mein Kind", sagte der Großvater beim Abschied, „heute Nacht, wenn der Mond über Colchester scheint, dann vergiss nicht, dass es der gleiche Mond ist, den dein Großvater von Stambourne aus sieht." Noch viele Jahre lang sah der kleine Charles zum Himmel hinauf und dachte, dass sich dort auf dem Mond irgendwie die Augen seines Großvaters und die seinen begegnen müssten.

Spurgeons Kindheit war fröhlich und voller Leben. Er wuchs mit seinen Geschwistern in froher Runde auf. Auf seine Familie war er sehr stolz. Selbstbewusst konnte er sagen: „Unsere Vorväter waren zwar arme Weber, aber ich will lieber von jemandem abstammen, der für den Glauben litt, als das Blut aller Könige in meinen Adern zu haben."

Eines Tages kam Richard Knill, ein gläubiger Mann, der für die Londoner Missionsgesellschaft arbeitete, zu Besuch. Er hatte ein brennendes Herz, die Menschen zu Christus zu führen.

„Wo schläfst du?", fragte er den kleinen Charles, „ich möchte dich nämlich morgen früh rufen."

Charles zeigte ihm sein kleines Zimmer. Um sechs Uhr kam Mr. Knill und weckte ihn. Gemeinsam gingen sie in den Garten hinunter, und dort erzählte Mr. Knill ihm in feiner, anschaulicher Weise von der Liebe Jesu und wie wichtig es sei, ihm zu vertrauen. Mit manchen Beispielgeschichten verkündete er dem Kind das Evangelium und dann betete er, dass doch der kleine Charles Jesus kennen lernen und ihm dienen möge. In dem Laubengang, in den sie sich zurückgezogen hatten, kniete er mit dem Jungen nieder und hatte dabei seine Hand um die Schulter des Knaben gelegt. Er wartete so lange, bis der Junge auch betete. Das wiederholte er an den drei darauf folgenden Tagen.

Dann beim Morgengebet, als die ganze Familie versammelt war, nahm Mr. Knill den Jungen auf seine Knie und sagte: „Dieses

Kind wird eines Tages das Evangelium predigen, und es wird predigen vor vielen Menschen." Er sagte dies in feierlichem Ton und rief alle Anwesenden als Zeugen auf für das, was er gesagt hatte. Dann gab er Charles ein kleines Geldstück als Lohn, wenn er dies Lied lernen würde:

Wie handelt Gott geheimnisvoll,
um Wunder zu vollbringen.

Charles versprach, dass er dieses Lied singen lassen würde, wenn er einmal in der großen Kapelle in Rowland Hill predigen würde. Damals, als er das sagte, war er noch ein Kind.

Die Jahre gingen dahin. Spurgeon hatte schon in London gepredigt, als er gebeten wurde, für einen erkrankten Pfarrer einzuspringen. Er sagte zu unter der Bedingung, dass er mit den Kindern in der Kapelle in Rowland Hill das Lied singen dürfe:

Wie handelt Gott geheimnisvoll,
um Wunder zu vollbringen.

Spurgeon war tief bewegt und konnte seine Gefühle und innere Erregung kaum verbergen. Das Wort von damals war in Erfüllung gegangen. Mr. Knills prophetische Schau war Realität geworden.

Wären wir doch auch so voller Zuversicht und Vertrauen und erbäten uns vom Herrn solche Glaubensziele.

Nach über vierzig Jahren saß Spurgeon noch einmal in jenem Laubengang. Er dachte zurück an Mr. Knills Gebet für ihn, wie er niedergekniet, seinen Arm um den Jungen gelegt und für ihn zu Gott gerufen hatte, er möge doch ein brauchbares Werkzeug aus diesem Kind machen und es in seinen Dienst berufen. Als Spurgeon an diesem Tag vom Pfarrer mit seinen Kindern und Enkelkindern Besuch bekam, wurde er von dem unwiderstehlichen Drang erfüllt, für diese jungen Kinder zu beten und sie zu segnen.

Die erste Geldschuld

Zu Spurgeons Kindheitserlebnissen gehört auch seine erste Geldschuld. Dieses Ereignis prägte sich tief in ihm ein. Er erzählte Folgendes:

„Als kleiner Junge besuchte ich eine Mädchenschule. Eines Tages brauchte ich einen neuen Griffel, hatte aber kein Geld bei mir. Ich war wirklich ein unachtsamer Kerl und hatte Angst, zu Hause getadelt zu werden, weil ich meinen Griffel so oft verloren habe.

Was sollte ich nun tun? In unserem Ort gab es ein kleines Geschäft, wo die alte Frau Pearson Nüsse, Kreisel, Kuchen und Bälle verkaufte. Ich hatte schon des Öfteren gesehen, wie Jungen und Mädchen dort anschreiben ließen. Ich dachte daran, dass ja bald Weihnachten wäre. Sicher schenkte mir dann jemand einen Penny oder ein Sixpencestück. Also wollte ich den Griffel auf Pump kaufen und das Geld nach Weihnachten zurückzahlen. Dies fiel mir nicht leicht, aber ich nahm allen Mut zusammen und ging in den Laden. Der Griffel kostete einen Heller. Ich erhielt ihn. Frau Pearson gewährte mir Kredit, da ich bisher nie Schulden gemacht hatte. Plötzlich war ich verschuldet und hatte das dumpfe Gefühl, etwas falsch gemacht zu haben. Aber noch hatte ich keine Ahnung, wie bald ich dafür büßen sollte.

Wie mein Vater von meinem Geschäft erfahren hat, weiß ich nicht. Irgendjemand muss mich wohl verpetzt haben. Jedenfalls nahm er sich meiner mit aller Ernsthaftigkeit an. Gott möge ihn dafür segnen. Er war ein sehr feinfühliger Mann. Er wollte nicht, dass seine Kinder Spekulanten werden würden. Er wies mich zurecht, indem er mir eine kräftige Lektion über das Schuldenmachen erteilte, wie sehr es dem Stehlen ähneln würde, wie die Menschen dadurch zugrunde gerichtet werden würden, wie ein Junge, der heute einen Heller Schulden hat, eines Tages gut und gern hundert Pfund Schulden haben kann und ins Gefängnis muss, und wie er damit seiner ganzen Familie Schande bringe. Ich kann diese kräftige Lektion heute noch in meinen Ohren hören und spüre, wenn ich daran denke, noch immer die Tränen über meine Wangen laufen. Dann wurde ich in das Geschäft geschickt, ähnlich einem Verräter, der ins Gefängnis geht. Den ganzen Tag über weinte ich und schämte mich fürchterlich. Der Heller wurde bezahlt. Dann wurde der arme Schuldner freigelassen, wie man einen Vogel aus einem Käfig heraus freilässt. Wie schön war es, frei von Schulden zu sein.

Ich habe diese Lektion nie mehr vergessen. Gott segne meinen Vater und bewahre uns davor, in Niederträchtigkeit unterzugehen, denn durch Schuldenmachen wird die Nation faul wie Zunderholz. Seit jenem Erlebnis hasse ich das Schuldenmachen."

Die Schulen

Schon als junger Mann war Spurgeon äußerst gelehrig und sehr begabt. Er besuchte mit seinem Bruder verschiedene Schulen. Latein und Mathematik waren seine Lieblingsfächer. Er liebte Bücher über alles und war immer unter den Klassenbesten zu finden. Nur einmal versagte er. Der Lehrer konnte sich die schlechten Noten nicht erklären, bis er dahinterkam, dass die vorderen Plätze im Klassenzimmer sehr zugig waren und der junge Spurgeon fror. Deshalb verweigerte der Schüler die Leistung, weil er lieber hinten in der Nähe des Ofens sitzen wollte. Der Lehrer drehte daraufhin die Sitzordnung um, die Schlechtesten saßen vorne und die Guten hinten. Bald wurde Spurgeon wieder Klassenbester, und zudem kam er noch in den Genuss der wohligen Wärme.

Im Jahre 1848 wurde Spurgeon mit seinem Bruder zu einer Internatsschule nach Maidstone geschickt. Aus dieser Zeit ist wenig bekannt geworden. Aber später hat Spurgeon in seinen Predigten manches Erlebnis aus seiner Jugend als Illustration verwendet. Einmal sprach er über Johannes 17,24:

„Vater, ich will, dass, wo ich bin, auch die bei mir seien, die du mir gegeben hast, damit sie meine Herrlichkeit sehen, die du mir gegeben hast; denn du hast mich geliebt, ehe der Welt Grund gelegt war."

Dazu sagte er:

„Ein Kind mag in der Schule glücklich sein, aber es wartet doch auf die Ferien. Nur weil es dem Unterricht entkommen möchte? Nein! Frag es, und es wird dir sagen: ‚Ich möchte nach Hause zu meinem Vater.'"

Im Juli des Jahres 1889 besuchte Spurgeon kurz die Stadt Maidstone. Am Samstagabend nach dieser Fahrt nach Kent predigte er über Psalm 71,17:

„Gott, du hast mich von Jugend auf gelehrt, und noch jetzt verkündige ich deine Wunder."

Dazu führte er Folgendes aus:

„Letzte Woche machte ich einen Besuch in Maidstone, in der Grafschaft Kent, ziemlich genau vierzig Jahre nachdem ich das College dort verlassen hatte. Ich meinte, dorthin zurückkehren zu müssen, besonders zu einem Baum, der neben dem Fluss Medway steht. Unter diesem Baum habe ich manche Stunde und manche Tage, ja sogar manche Woche verbracht und den ganzen Tag über gelesen, sogar während der Schulzeit. Ja, mein Lehrer dachte, ich würde größere Fortschritte machen, wenn ich unter diesem Baum säße als in der Schulklasse. Er war ein weiser Mann. Er gab mir ein Buch und überließ mich mir selbst. Als ich nun wieder unter diesem Baum stand, den sanft dahinfließenden Fluss zu meinen Füßen spürte, konnte ich Gott danken für seine Gnade während jedes einzelnen vergangenen Jahres, und ich konnte mit dem Psalmisten sagen: ‚Gott, du hast mich von Jugend auf gelehrt, und noch jetzt verkündige ich deine Wunder.'

Ich wünsche mir von Gott, dass die jungen Leute, die gerade von der Schule kommen, Jungen und Mädchen, sich Zeit nehmen zum heiligen, stillen Nachdenken über ihre Zukunft, wem sie dienen wollen, wer ihr Lehrer sein soll, für wen sie zum Lehrer werden und wie sie ihr Leben zubringen wollen.

Als ich dort unter dem Baum stand, konnte ich nicht anders, als Gott darüber zu loben, dass er mich – nicht lange nachdem ich die Schule verlassen hatte – zum Glauben an Jesus geführt, mir Ruhe in ihm und ewiges Leben geschenkt hat."

Eine weise Köchin

Den ersten Unterricht in Theologie erhielt Spurgeon von einer Köchin. Sie war in göttlichen Dingen sehr erfahren. Von ihr hatte er mehr gelernt, als sechs Doktoren der Theologie ihm hätten beibringen können. Der Prediger des Ortes war in seiner Verkündigung nicht herausragend. Ihm fehlte der lebendige Bezug zum Evangelium. So fragte Spurgeon die Köchin: „Warum gehst du noch in die Kirche?" Ihre Antwort lautete: „Weil es in unserem Dorf keine andere Möglichkeit gibt, wo ich zum Gottesdienst gehen könnte."

„Aber ist es nicht besser, zu Hause zu bleiben, als sich einen solchen Unsinn anhören zu müssen?", bohrte Spurgeon weiter.

„Vielleicht", antwortete sie ihm, „aber ich gehe in den Gottesdienst, auch wenn ich dort nichts bekomme. Du siehst oft Hühner auf einem Abfallhaufen scharren, um ein Korn zu finden. Sie finden zwar keins, aber durch das Scharren bleiben sie in der Übung und halten sich fit. Außerdem wird ihnen vom Scharren warm."

So machte ihm die alte Köchin klar, dass das Kratzen und Scharren in den armseligen Predigten ihre geistlichen Fähigkeiten und ihren Verstand trainierten.

Ein andermal sagte er zu ihr, dass er in der ganzen Predigt nicht einen guten Gedanken gefunden habe, und fragte sie, wie es denn ihr ergangen sei.

„O, mir ging es heute besser", meinte sie, „denn alles, was der Prediger sagte, habe ich einfach ins Gegenteil verkehrt, und so wurde sein Gerede zum wirklichen Evangelium."

Religiöse Eindrücke

Spurgeon erlebte in seiner Kindheit tiefe religiöse Eindrücke. Er wurde zum Beispiel wie der kleine Samuel mit den Lampen des Heiligtums zu Bett gebracht und mit geistlichen Morgenliedern geweckt. Oft haben seine Eltern segnend ihre Hände auf das Kind gelegt und für es gebetet. So ruhte Christus mit seinem Segen auf dem Kind, und das kräftige Amen der Mutter war ihm immer in den Ohren. Das erste Lied, das er lernte, handelte von Jesus, dem Kinderfreund, und das erste Buch, das er las, führte ihn in die biblischen Geschichten ein. Wie oft hörte er, dass Jesus in seinem Herzen wohnen wollte, damit er in den Himmel käme. Welch ein Vorrecht war es für den jungen Spurgeon, gläubige Eltern und Großeltern zu haben. Sie lehrten ihn den Weg Gottes und bewahrten ihn vor schlechten Einflüssen.

Er berichtet darüber: „Mit bösen Buben durfte ich mich nicht abgeben. Es war damals auch verpönt, wenn Kinder gläubiger Eltern auf dem Tanzboden ihr Vergnügen suchten. Immer eindrücklicher wurde mir der Gedanke an die Ewigkeit. Ich musste mich entscheiden, welches Ziel ich für mein Leben wählen sollte. Mit großem Ernst waren meine Eltern darauf bedacht, mich den rechten Weg zu Gott zu lehren. Sie beteten und flehten zum Vater im Himmel, ich möchte doch ja nicht verloren gehen. In dieses Rufen zu Gott mischten sich auch die Tränen meiner Mutter leise und still mit ein. Es war das Ringen meiner Eltern, das mich zu Jesus gebracht hat, sonst wäre ich wohl eigenen Ideen gefolgt und hätte Gott aus den Augen verloren. Wer weiß wohl, wo ich dann gelandet wäre und welches Laster mich in die Hölle gebracht hätte."

Und doch schob Spurgeon seine Entscheidung, in die Nachfolge Christi zu treten, Monat für Monat und Jahr für Jahr hinaus. Er schreibt dazu in seiner Biographie:

„O meine Seele, heute könnte ich mich dafür ohrfeigen. Wahrlich, ich könnte mein eigenes Herz dafür schlagen, wenn ich daran denke, wie Wochen und Monate an mir vorübergingen, in denen ich mein Gesicht vor Christus verborgen und meinen lieben Herrn, dessen Herz für mich geblutet hat, abgelehnt habe. Ich erinnere mich noch, wie Mutter einmal betete:

‚Nun, Herr, wenn meine Kinder in ihren Sünden weitermachen, dann werden sie nicht aus Unkenntnis daran zugrunde gehen, und meine Seele muss ein klares Zeugnis gegen sie am Tage des Gerichts abgeben, wenn sie Christus nicht annehmen.

Herr, dass mein Sohn doch vor dir leben möchte!'"

Spurgeons Vater machte sich oft große Vorwürfe, dass er sich zu wenig um seine Kinder kümmere, da ihn die Predigt zu sehr in Anspruch nähme. Einmal überfiel ihn eine so große Furcht, dass er wieder von seiner Reise umkehrte. Er fand aber niemand in den unteren Räumen des Hauses. Oben hörte er, wie seine Frau für die Errettung ihrer Kinder flehte und besonders an Charles, ihren erstgeborenen Sohn, dachte. Er war ausgesprochen eigenwillig und manchmal sogar starrsinnig. Als der Vater das Gebet vernahm, schlich er sich leise davon. Er war beruhigt. Zu Hause sorgte ja seine Frau durch ihre Gebete für das geistliche Wohl der Familie.

Der Glaube eines Kindes ist einfach. Sobald es verstehen kann, dass es verloren ist, kann es auch mit Hilfe der Gnade Gottes begreifen, dass es gerettet werden muss.

Spurgeon hatte große Kämpfe zu bestehen, bevor er zum Glauben an Christus durchbrach. Er schreibt dazu:

„Mein Herz war Brachland und mit Unkraut bedeckt. Aber eines Tages kam der große Bräutigam und begann meine Seele zu pflügen.

Er kam mit zehn schwarzen Pferden; er benutzte eine scharfe Pflugschar und zog tiefe Furchen. Die schwarzen Pferde waren die zehn Gebote, und es war die Gerechtigkeit Gottes, die mein Gewissen wie eine Pflugschar aufriss.

Das Evangelium mit seinen Verheißungen konnte ich noch nicht fassen. Es blickte mich finster an. Nur eine Hoffnung hatte ich, eine einzige, einen Zufluchtsort in meiner Not: Jesus! Jesus! Jesus! Er allein war der Bergungsort im Sturm. Ich erinnere mich noch an mein erstes ernsthaftes Gebet. Ich sah mich vor Gott stehen in seiner unmittelbaren Gegenwart und ich sprach zu mir selbst: ‚Ich hatte von dir nur vom Hörensagen vernommen, aber nun hat mein Auge dich gesehen. Daher spreche ich mich schuldig und tue Buße in Staub und Asche.' (Hiob 42,5-6)

Ich war voller Reue, und mir kamen die Worte über meine Lippen: ‚Gott, sei mir Sünder gnädig.' Meine Knochen wurden krank durch mein tägliches Seufzen. Die Hand Gottes lag Tag und Nacht schwer auf mir. Meine Trauer war übervoll. Während der vielen Monate, die ich in diesem Zustand durchlebte, las ich immer wieder die Bibel. Besonders bedrückte es mich, wenn mir das Gesetz seinen Spiegel vorhielt.

Wenn das Gesetz sagt: ‚Du sollst nicht ehebrechen!', und ich antwortete: ‚Ich habe noch nie die Ehe gebrochen', antwortete das Gesetz mit Jesu Worten: ‚Wer eine Frau ansieht, ihrer zu begehren, der hat schon in seinem Herzen die Ehe gebrochen.' So ging es mir mit allen Geboten.

Wenn das Gesetz sagte: ‚Du sollst nicht stehlen!', und ich antwortete: ‚Nun, ich habe noch nie gestohlen', dann entdeckte ich, dass selbst das Verlangen nach dem, was nicht mein Eigentum war, Sünde ist. Die geistige Natur des Gesetzes verblüffte mich. Während der vielen Monate, die ich in diesem Zustand lebte, las ich immer und immer wieder die Bibel. Aber ich fand keinen Trost, weil selbst meine allerbesten Taten sündig waren.

Ich weinte und wusste, dass ich Vergebung von Gott für mein schändliches Tun nötig hatte. Dann aber nahm mich der Heilige Geist bei der Hand und führte mich zu einem einzigartigen Ort. Als ich dort stand, erschien vor mir plötzlich Jesus am Kreuz. Ich blickte auf und sah seine Augen voller Tränen. Ich sah sein Blut fließen, ich sah, wie seine Feinde ihn in den Tod stießen, ich sah sein unaussprechliches Elend, ich hörte sein Stöhnen, das niemand beschreiben kann. Und als ich zu ihm aufblickte, öffnete er seine Augen und sagte zu mir: ‚Der Sohn des Menschen ist gekommen, um zu suchen und selig zu machen, was verloren ist.'

Und doch konnte ich diese Wahrheit nicht fassen. Ich fürchtete, Gott würde mich wegen meiner Sünde in seinem heißen Zorn verbrennen. Ich war verzweifelt. Aber dann war es dieser Satz, der mich vor dem Selbstmord bewahrte: ‚Wer den Namen des Herrn anrufen wird, der soll errettet werden.' So lernte ich beten:

‚O Gott, ich berufe mich auf dein Versprechen. Ich öffne mein Herz zum Gebet. Kannst du gerecht sein und den Sünder verdammen, der dich wirklich bei deinem Namen ruft?'

Und dann kam ein Tag, ein bemerkenswerter Tag, der sich für

immer in mein Gedächtnis eingraben wird. Ich sah meinen Freund, Jesus Christus, am Kreuz hängen. Ich bückte mich in traurigem Entsetzen nieder und schaute ihn an. Ich sah, dass seine Hände mit großen, eisernen Nägeln durchbohrt waren, auch seine Füße. Auf seinem toten Antlitz stand das Elend, so schrecklich, dass ich kaum wagte ihn anzuschauen. Sein Körper war ausgemergelt, sein Rücken rot von blutigen Striemen, sein Haupt hatte rundherum Wunden, die Dornenkrone hatte sich tief eingedrückt. Ich erschauderte, denn ich begriff, ich war mitschuldig, dass Jesus an das Fluchholz genagelt worden war.

So machte ich mich auf die Suche nach dem Evangelium, und es war das gepredigte Wort, was mich rettete.

Vielleicht würde ich heute noch in Dunkelheit und Verzweiflung leben, hätte Gott in seiner Güte damals nicht einen Schneesturm gesandt, der mich auf dem Weg zum Sonntagsgottesdienst überraschte. Ich suchte in einer Kapelle der Methodisten Zuflucht. Darin saßen ungefähr 15 bis 20 Menschen. Ich hatte von den Methodisten gehört, sie würden so laut singen, dass man Kopfschmerzen davon bekäme. Aber das störte mich nicht. Ich wollte wissen, wie ich gerettet werden könnte, und wenn sie mir das sagen konnten, dann waren mir die Kopfschmerzen egal. An diesem Morgen kam der Prediger nicht. Vermutlich war er eingeschneit. Schließlich stand ein sehr schlanker Mann auf und ging nach vorne auf die Kanzel, um zu predigen. Dieser Mann war sehr schlicht und einfältig.

Sein Predigttext lautete: ‚Schaut auf mich, und ihr werdet gerettet werden, all ihr Enden der Erden!‘

Und dann predigte er:

‚Meine lieben Freunde!

Dies ist in der Tat ein sehr einfacher Text. Er sagt: Schaut! Nun ist Schauen nicht allzu schmerzhaft und anstrengend. Du musst nicht einmal deinen Finger oder deinen Fuß dafür heben. Nur schauen! Nun, ein Mensch muss nicht zur Universität gehen, um sehen zu lernen. Du kannst der größte Trottel sein, und trotzdem kannst du sehen. Ein Mensch muss nicht Tausende im Jahr verdienen, um sehen zu können. Jeder kann sehen, sogar ein Kind kann sehen. Aber dann sagt der Text: Schaut auf mich! Nun, viele von euch schauen auf sich selbst, aber das hat keinen Sinn. Ihr findet keinen Trost in euch selbst. Ich sage euch: Schaut auf Christus! Jesus sagte: Schaut auf mich! Schaut auf mich, ich hänge am Kreuz! Schaut auf mich, ich bin tot und bin begraben worden! Schaut auf mich, ich bin wieder auferstanden! Schaut auf mich, ich bin gen Himmel gefahren! O Sünder, schau auf mich! Schau auf mich!‘

Zehn Minuten lang predigte er auf diese Weise. Dann sah er mich auf der Empore sitzen. Er richtete seine Augen auf mich, als würde er mein ganzes Herz kennen. Dann sagte er: ‚Junger Mann, Sie werden immer elend sein, elend im Leben und elend im Tode, wenn Sie diesem Vers nicht gehorchen. Aber wenn Sie jetzt in diesem Augenblick gehorsam werden, dann werden Sie gerettet.‘

Dann rief er mit erhobenen Händen: ‚Junger Mann, schau auf Jesus Christus! Du musst nichts tun, als nur zu schauen. Dann wirst du leben.‘

Plötzlich erkannte ich den Weg der Erlösung. Ich hatte erwartet, fünfzig Dinge tun zu müssen, aber als ich dieses Wort ‚schau‘ hörte, kam es mir vor wie das schönste Wort der Welt. Ach, ich hätte mir die Augen aus dem Kopf schauen können. Die Dunkelheit wich, der Schleier fiel mir von den Augen, ich sah die Sonne. Meine Ohren haben gehört, mein Herz hat erlebt, Christus ist der eingeborene Sohn des Vaters. Er ist Gott, denn er tat für mich, was nur Gott tun kann. Er besiegte meinen störrischen Willen, er schmolz mein steinernes Herz, er brach die stählernen Ketten, er öffnete die Gefängnistore und eisernen Riegel, er hat mein Weinen in Lachen verwandelt und meine Verzweiflung in Freude. Er hat meine Gefangenschaft beendet und erfüllt mein Herz mit unbändiger Freude. Gesegnet sei sein heiliger Name!

Ich war 15 Jahre alt und wusste: Mein Geliebter ist mein.“

Spurgeons erster Dienst für Gott

Für Spurgeon begann mit der Stunde der Bekehrung auch sein Einsatz für Gott. Er schreibt: „Ich kann nicht vergessen, wie ich eines Tages an das Bett eines Jungen meiner Sonntagsschulklasse trat. Mit seinen kaum 17 Jahren war er schon Alkoholiker. Er hatte sich fast zu Tode getrunken. Ich sah ihn und versuchte, ihm vom Heiland zu sagen, und hörte dabei das Todesröcheln in seiner Kehle. Als ich die Treppe wieder hinunterstieg, hielt ich die Menschen für Narren, die zu allem fähig sind, nur nicht dazu, sich aufs Sterben vorzubereiten. Ich sah unterwegs die Droschkenfahrer, die Geschäftsleute, die Verkäufer und dachte: Welche Narren! Sie rackern sich ab, ohne wenigstens einmal darüber nachzudenken, was sie einmal in der Ewigkeit tun werden. Und am närrischsten fände ich mich selbst, wenn ich die sterbenden Sünder nicht auf den lebendigen Christus hinweisen und sie einladen würde, auf sein kostbares Blut zu vertrauen."

Seine erste Predigt hielt Spurgeon in einem strohgedeckten Landhaus, wo sich einige Bauern mit ihren Frauen versammelten. Er erinnert sich daran:

„Wir sangen, beteten und lasen die Heilige Schrift: ‚Für euch aber, die ihr glaubt, ist Christus köstlich.' Ich hatte große Angst, aber brachte doch noch alles zu einem guten Ende. Gegen Schluss fragte mich eine ältere Frau: ‚Gott segne dich, lieber Junge. Wie alt bist du?' Ich gab zur Antwort: ‚Unter 60.'

‚Jawohl, und auch unter 16', war die Antwort der alten Frau.

Ich war von Gott zum Dienst berufen worden, ich musste predigen. Das Wort brannte wie Feuer in meinen Knochen. Freunde haben mir abgeraten, Gegner haben mich kritisiert, Spötter haben mich verächtlich verlacht, aber ich hatte den Ruf des Himmels gehört und musste predigen. Gottes Wort war wie ein Feuer, das in mir brannte.

Bist du schon einmal durch ein Dorf gegangen, das für seine Trunksucht und Gottlosigkeit bekannt ist? Hast du schon einmal arme, unglückliche Menschen gesehen, wie sie gegen die Pfosten der Kneipe gelehnt stehen und durch die Straßen torkeln? Hast du schon einmal in die Häuser dieser Menschen geschaut und gesehen, was das für Räuberhöhlen sind, bei deren Anblick sich deine Seele sträubt? Hast du schon einmal die Armut, die Erniedrigung und das Elend ihrer Bewohner gesehen und darüber geseufzt?

Ich hatte dieses Vorrecht. Ich kannte einmal ein solches Dorf. Vielleicht war es sogar eines der schlimmsten Dörfer Englands. In dieses Dorf kam ein junger Mann, der keine große Ausbildung hatte, aber der ernstlich die Seelen der Menschen dort suchte. Er begann zu predigen, und es gefiel Gott, diesen ganzen Ort auf den Kopf zu stellen. Innerhalb kurzer Zeit war die kleine, strohgedeckte Kapelle überfüllt. Die größten Taugenichtse des Dorfes fingen an, über sich zu weinen, und jene, die bisher der Fluch der Ortsgemeinde gewesen waren, wurden jetzt für sie zum Segen. Wo es bisher Raub und Schurkereien gegeben hatte, verschwanden diese, weil die Menschen, die sonst Unheil anrichteten, nun selber ins Haus Gottes kamen und sich freuten, als sie hörten, dass Jesus für sie gekreuzigt worden war. Ich übertreibe diese Geschichte nicht, auch spreche ich nicht von etwas, was ich selber nicht so genau kenne, denn ich war es, der die Freude hatte, in diesem Dorf arbeiten zu dürfen.“

Spurgeons allererster Dienst bestand darin, dass er Traktate an Menschen verschickte, die sich noch nicht Gott zugewandt hatten. Er verteilte sie auch, indem er von Haus zu Haus ging und mit den Leuten vom Reich Gottes sprach.

Die Verteilung der Traktate war für ihn ein erster Schritt, Menschen für Christus zu gewinnen, und er konnte vielen den Weg des Glaubens zeigen.

Die ersten geistlichen Früchte

Zwei Beispiele will ich erzählen, wie Spurgeon durch seine Liebe und Hingabe an Christus ein brauchbares Werkzeug für Christus wurde. Er schreibt über seinen Einsatz:

„Hätte jemand zu mir gesagt: Da hat einer zweitausend Pfund für Sie hinterlassen, ich hätte dafür noch nicht einmal mit dem Finger geschnippt, verglichen mit der Freude, die ich fühlte, als ich erfuhr, dass ein Mensch durch meine Verkündigung aus dem Tode zum Leben gerufen wurde.

Es war die Frau eines armen Arbeiters. Sie ging getroffen von der Predigt vor zwei oder drei Sonntagen betrübten Herzens nach Hause und hatte großen Kummer um ihre Seele. Aber dann hat sie Frieden gefunden und wollte mit mir sprechen. So fuhr ich in ihr Dorf zu meinem ersten geistlichen Kind.

Ich sehe noch die Kate vor mir, in der sie wohnte. Ich fühlte mich wie ein kleiner Junge, der sein erstes Taschengeld bekommen hat, oder wie ein Taucher, der eine seltene Perle findet. Ich freue mich über jeden Einzelnen, den Gott mir gegeben hat, aber über diese Frau freue ich mich immer noch am meisten. Ich habe viele geistliche Kinder, die auf Grund des gepredigten Wortes von neuem geboren wurden, aber ich denke, diese Frau war die beste von allen. Sie lebte danach nicht mehr lange. Nach ein oder zwei Jahren ging sie heim als Erste einer großen Schar, die ihr folgte. Ich erinnere mich, wie sie starb und in den Himmel ging. Sie war für mich eine solche Kostbarkeit. Keine Mutter hätte über ihr Erstgeborenes glücklicher sein können. Ich hätte in den Lobgesang der Maria einstimmen können, denn meine Seele erhob den Herrn, der sich meiner Niedrigkeit erbarmt und mich gewürdigt hatte, etwas zu tun, wofür mich alle Geschlechter preisen würden.

So bewertete und bewerte ich noch heute die Umkehr einer Seele. Ich gehe so weit zu behaupten, dass die Errettung einer Seele vom Tode das größte Werk auf Erden ist. Ich möchte lieber die ärmste Frau der Welt zu Jesu Füßen bringen, als der Erzbischof von Canterbury zu sein.

Die Sorge einer Mutter

Ich erinnere mich an eine ältere Frau, die durch meinen Dienst Frieden mit Gott fand. Was sie über ihr unglückliches Leben ohne Gott erzählte und über die gottlose Erziehung ihrer Kinder, gebe ich hier wieder für alle jene Mütter, die zwar alles tun, um ihren Kindern das Leben zu erleichtern, an das wirkliche Leben aber nicht denken:

‚Ach', sagte sie, ‚ich könnte jetzt wohl glücklich sein, wenn mich da nicht eine große Sorge niederdrückte. Ich bin so traurig über meine Kinder. Ich habe acht, und es war harte Arbeit, als Waschfrau und durch andere Dienste morgens, mittags und abends das tägliche Brot zu verdienen. Ich habe sie ernährt und gekleidet, aber ich weiß nicht mehr wie. Ich habe mich für sie abgerackert. Ihren Körpern hat es an nichts gefehlt, aber ihren Seelen – ich habe an meine nicht gedacht und so dachte ich auch nicht an ihre. Zwei von ihnen starben. Ich darf nicht daran denken. Gott hat mir vergeben, aber ich kann meine Sünde gegenüber meinen armen Kindern nicht vergessen. Ich lehrte sie nichts, was ihnen hätte helfen können. Die anderen leben, aber keines ist fromm. Wie könnte das bei meinem Leben auch anders sein!'"

Eine klatschsüchtige Frau

In Waterbeach sorgte eine Frau für viel Unruhe. Sie war sehr redselig, hatte eine spitze Zunge und brachte Menschen durch üble Gerüchte in Verruf. Man warnte Spurgeon vor ihrer Zungenfertigkeit. Er aber meinte: „Dieses böse Spiel kann man auch zu zweit spielen." Eines Tages traf er sie, als sie vor seinem Hoftor stand. Sie war wirklich sehr geschwätzig.

Spurgeon lächelte, als er ihr begegnete, und sprach sie an: „Mir geht es recht gut. Ja, vielen Dank. Hoffentlich Ihnen auch."

Heftig drosch die Frau mit Worten auf ihn ein; aber Spurgeon reagierte nicht auf ihre wüsten Beschimpfungen. Mit einem Lächeln antwortete er ihr: „Ja, es sieht tatsächlich so aus, als würde es gleich losregnen. Ich werde mich beeilen, dass ich schnell nach Hause komme."

„Ach, du meine Güte", reagierte sie geschockt, „der Mann ist ja stocktaub. Da macht es keinen Sinn, ihn mit Worten fertig zu machen."

Spurgeon wünschte ihr noch einen guten Tag, und damit hatte die Auseinandersetzung mit dieser zänkischen Frau ein Ende gefunden. Ob sie jemals einen Fuß über die Kirchenschwelle gesetzt hat, ist ihm unbekannt geblieben. Jedenfalls hat sie eingesehen, dass man mit einem „Tauben" nicht streiten kann.

Eine niederdrückende Erfahrung

Spurgeon musste in Waterbeach auch niederdrückende Erfahrungen hinnehmen. Von einem Mann wird berichtet, dass er ein entsetzlicher Säufer war. Manche bittere Träne hat Spurgeon um ihn in die Kissen geweint. Dieser Kerl war der Anführer von allem Bösen, was in diesem Dorf geschah. Groß und stattlich ging er daher. Sein Alkoholkonsum war unwahrscheinlich hoch. Er konnte mehr Schnaps vertragen als jeder andere im Umkreis von ein paar Meilen. Im Dorf fürchteten sich alle vor ihm, denn er konnte schrecklich fluchen und machte den Menschen Angst. Man sagte auch von ihm, dass er ein Brandstifter sei, der Häuser, Stallungen und Scheunen angesteckt hätte. Doch nachweisen konnte man ihm diese schändlichen Taten nicht. Er war manchmal so betrunken, dass er wie ein Wahnsinniger durch den Ort lief. Er brachte es fertig, zwei bis drei Wochen total betrunken zu sein.

Eines Tages erschien dieser Trunkenbold in der Kapelle. Unter den Gottesdienstbesuchern herrschte große Aufregung. Er hockte in seiner Bank und fand anscheinend Gefallen an Spurgeons Predigt. Ja, er fing sogar an, ihn zu lieben. Tatsächlich geschah das Wunder, dass dieser Mann zum Frieden mit Gott fand. Er wurde völlig verändert. Seine Sauferei und sein Fluchen gab er auf und wurde sogar ein vorbildlicher Mensch, wenn auch nicht in jeder Beziehung. Regelmäßig besuchte er die Gebetsstunden und erzählte auch anderen, wie nahe ihm Gott sei. Es war bewegend, seine raue, abgehackte und kantige Sprache zu hören, wenn er betete. Aber sein Rufen zu Gott kam aus einem ehrlichen Herzen. Etwa ein dreiviertel Jahr hielt er sich zu den Gläubigen der Gemeinde. Er half den Leuten, wo er nur konnte. Wenn ein Sonntagsschulhelfer krank geworden war, dann ging er zu den Kindern, manchmal sogar sechs oder acht Meilen, um ihnen die Jesusgeschichten zu erzählen.

Aber der Spott und Hohn seiner ehemaligen Saufkumpanen traf ihn hart. Ihr Gelächter verletzte ihn. Er sagte sich: Vielleicht bin ich doch zu eifrig und fanatisch gewesen. Immer öfter passierte es, dass er sich heimlich in die Gottesdienste schlich, um so den Augen seiner Trinkgenossen zu entgehen. Dann blieb er eines Tages ganz weg und sonderte sich von den Frommen ab. Die Ältesten der Gemeinde ermahnten ihn, aber er schlug ihre Worte in den Wind.

Nach und nach erlahmte sein früherer Eifer für Gott. Schließlich sagte er ihm ganz ab und begann wieder zu fluchen und zu trinken. Sein Reden wurde regelrecht gotteslästerlich. Das war natürlich für die Gemeinde wie ein Schlag ins Gesicht; denn zuvor hatten die Gläubigen Gottes Gnade gerühmt, wie sie aus einem Raufbold, einem Brandstifter und einem Säufer einen wahrhaft gläubigen Menschen gemacht hat. Jetzt aber torkelte er wieder betrunken durch die Gassen. Die Christen wurden verhöhnt: „Das ist doch einer aus eurer Mitte!“

Für Spurgeon war diese Erfahrung niederschmetternd, und er geriet darüber in große Anfechtung.

Spurgeon als Prediger in Waterbeach

Mit großem Eifer predigte Spurgeon in Waterbeach und versammelte eine große Zuhörerschaft unter seiner Kanzel. Er scheute keine Mühe und setzte sich voller Hingabe ein. Um seinem Dienst besser nachkommen zu können, wurde überlegt, ob er nicht das Baptist College in Stepney besuchen sollte. Er selbst wusste, dass eine gründliche Ausbildung für seine Predigtaufgabe nur dienlich sein konnte. Mit seinem Vater, zu dem er ein inniges Verhältnis hatte, besprach er diese schwerwiegende Frage. Spurgeon war ein sehr wissbegieriger junger Mensch. Sein Bruder berichtet von ihm: „Er tat nie etwas anderes als lernen. Ich hielt Kaninchen, Hühner, Schweine und Pferde – er hielt sich an Bücher. Während ich mich hier und da beschäftigte und alles anpackte, was Jungen so interessiert, kümmerte er sich nur um Bücher, und nichts konnte ihn davon abhalten zu lesen und zu lernen. Aber obwohl er sich kaum um etwas anderes kümmerte, wusste er doch alles, denn er las über alles, und sein Gedächtnis war so geräumig wie eine Scheune."

Die Gemeinde hielt ihn vom Studium zurück. Sie ließ ihren jungen Prediger nach langen Überlegungen nicht nach Stepney ziehen, und so zerschlug sich dieser Plan nach hartem Ringen.

Der Diakon King schrieb an Spurgeons Vater:

„Da wir mit tiefem Bedauern gehört haben, dass Sie beabsichtigen, Ihren Sohn zum Stepney College zu schicken, schreibe ich Ihnen, dass ich denke, wenn Ihnen die genaueren Umstände seines Dienstes hier in Waterbeach vertraut wären, würden Sie diesen Plan zurückstellen, zumindest zum gegenwärtigen Zeitpunkt.

Erlauben Sie mir zu berichten, dass der Gottesdienst, seit Ihr Sohn nach Waterbeach kam, viel stärker besucht wird. Die Seitenschiffe und die Sakristei sind oft besetzt, und viele gehen wieder weg, weil sie keinen Platz finden. Es gibt auch einige Fälle, wo er gebraucht wurde, um die Gleichgültigen zu erwecken. Und wenn wir ihn auch erst seit fünf Monaten kennen, so sind wir ihm doch so eng verbunden, als wären die Monate Jahre gewesen. Wenn er uns jetzt verlassen sollte, so wäre das für alle Anlass zu Klage, Trauer und Herzeleid. Hinzu kommt noch, dass er ja gar nicht zum College möchte, im Gegenteil. Und seine Freunde in Cambridge, die erst empfahlen, dass er das College besuchen sollte, zögern jetzt und neigen dazu, ihre Meinung zu ändern. Wenn Sie, werter Herr, herüberkämen, würden Sie feststellen, dass ich nicht übertrieben habe. Vielleicht müssten Sie sogar ausrufen: ‚Nicht die Hälfte hat man mir gesagt!' Mögen wir von Gott gelenkt werden, so zu handeln, dass der Ruhm unseres Erlösers am besten ausgebreitet werde, den Menschen um uns herum zum Nutzen. Das ist unser ernstes Gebet."

Spurgeon schreibt zu diesem Problem an seinen Vater Folgendes: „Der Herr hat mich bei den Leuten beliebt gemacht, und ich bin so jung, dass sie über viele Fehler hinwegsehen. Ich wünsche so sehr, dass Menschen gerettet werden, und es ist mein Trost, dass nach Gottes unwandelbarer Entscheidung eine große Schar zum ewigen Leben bestimmt ist. So werden wir nicht vergebens arbeiten. Einige werden wir gewinnen. Was das Geld angeht, so habe ich in der letzten Zeit sehr viele Bücher gekauft. Sie sind einfach für meine Arbeit nötig. Ich hoffe, dass ich im Sommer durch Gottes Segen 15 Pfund oder mehr verdiene. Viele herzliche Grüße an meine liebe Mutter. Ich bin sicher, dass sie allen Menschen in der Welt erzählen kann, dass die Gebete der Eltern nicht vergessen sind. Ich glaube wohl, dass Gott die Schlechtesten zuerst rettet. Wenn du es nicht glaubst, ich doch. Ich habe euch mehr Mühe gemacht als die anderen."

Und in einem Brief an die Mutter schreibt er: „Zurzeit brauche ich deine Gebete doppelt. Mühe habt ihr genug mit mir gehabt, aber ich glaube, dass die Tröstungen auch in Trübsalen die Freude erhalten. Man ist niedergedrückt, aber nicht verzweifelt. Ich muss sagen: Gelobt sei der Herr, dass er mich in seiner souveränen Gnade zu seinem Sohn gemacht hat. Ich fühle die Verderbtheit aufsteigen, und der alte Mensch ist stark, aber die Gnade greift immer im kritischen Augenblick ein und rettet mich vor mir selbst. Der Herr halte mich! Ich habe keine Hoffnung gut zu leben, es sei denn durch seine Kraft. Mutter, lass alle für mich beten. Das Gebet ist kostbarer als Gold, es macht mich reich. Heb deine Arme auf wie Mose! In mir und um mich herum tobt eine schwere Schlacht. Jesus bittet für mich. Jesus, unser Schild, ist nahe, eine immer gegenwärtige Hilfe in der Not, ganz nahe. Wir leben in ihm, er ist um uns herum. Wer wird seine Lieblinge vernichten? Einmal habe ich über Johannes 15,9 gepredigt: ‚Gleich wie mich mein Vater liebt, also liebe ich euch auch; bleibet in meiner Liebe!' ...

Dir wünsche ich alles Liebe und Gute. Ich hoffe, dass es deinen Händen besser geht. Küss die Kleinen, grüße sie lieb von mir. Sie sollen von Jesus lernen. Ich freue mich, dass Archer so gute Fortschritte macht. Mögen deine zehntausend Gebete für uns von dem gehört werden, der Gebet erhört! Ich hoffe, Emily geht es besser; bitte sie, darüber nachzudenken, ob sie Jesus von ganzem Herzen liebt. ...

Noch einmal liebe Grüße an alle von deinem dich liebenden Sohn Charles."

In einem anderen Brief an seine Mutter vom November 1852 schreibt Spurgeon:

„Ich freue mich immer mehr, dass ich nicht aufs College gegangen bin. Gott schickt mir so viel Sonnenschein auf meinen Weg, solch ein Lächeln der Gnade, dass ich es nicht bedauern kann, alle meine Chancen fürs College verpasst zu haben. Ich bin mir bewusst, dass ich Gott und seine Sache nicht genug geliebt habe, aber ich will lieber schwach in seinem Dienst sein als stark in meinem eigenen. Meine Gemeinde ist so groß und liebevoll wie immer. Seitdem ich in Waterbeach bin, war jeden Sonntag ein anderes Haus mein Heim. Bei 52 Familien war ich zu Gast, und sechs Einladungen konnte ich nicht annehmen. Sag nicht, die Leute sorgen nicht für mich, weil sie so wenig Lohn zahlen. Ich wage es, jedem unter dem Himmel zu sagen: das stimmt nicht. Sie tun alles, was sie können. Wir hatten ein eindrucksvolles Jahresfest. Sechs Leute wurden getauft. Jede Menge Menschen am Fluss. Die Kapelle war dann brechend voll, sowohl zum Tee als auch zur Predigt."

Die Pläne, ein College zu besuchen, waren zunichte geworden. So blieb Spurgeon in Waterbeach und wurde Pastor und Hirte seiner Gemeinde. Gerade um die Schwierigsten seiner Herde kümmerte er sich am intensivsten. Er war nur von dem einen Gedanken erfüllt, dass auch sie in den Himmel kämen.

Ein schrecklicher Geizkragen

In Spurgeons Ort lebte ein schrecklicher Geizkragen. Er hatte, als er alt und krank wurde, sein Bett im Wohnzimmer im unteren Stock aufgeschlagen und befohlen, sein Grab sollte direkt vor seinem Fenster ausgehoben werden, um die Kosten für eine Beerdigung so niedrig wie möglich zu halten. Ein Freund des Pastors erzählte, dass kein einziger Fall bekannt sei, wo dieser Geizige jemandem irgendetwas geschenkt habe. „Nun“, antwortete Spurgeon, „ich weiß es besser, denn an einem Sonntagnachmittag schenkte er mir drei halbe Kronen, und da ich mir einen neuen Hut kaufen wollte, reichte das Geld gerade aus.“

„Nun gut“, erwiderte der Freund, „aber ich bin mir sicher, dass er sich solch außergewöhnliche Freigebigkeit niemals verziehen hat und seine drei halbe Kronen gerne wieder zurückgeholt hätte.“

Der Freund hatte noch nicht die ganze Geschichte gehört. So fuhr Spurgeon fort: „Am nächsten Sonntag kam der alte Mann wieder zu mir und bat mich, für ihn zu beten, damit er von der Sünde der Habsucht erlöst würde. ‚Denn‘, so sagte er, ‚der Herr hat mir gesagt, ich sollte Ihnen vier halbe Kronen geben, aber ich habe eine davon zurückbehalten und konnte seither keine Nacht mehr Ruhe finden, weil ich immer daran denken musste.‘“

Kritiker und Mahner

Ein alter Christ, er war Diakon, bat Spurgeon, er solle doch nicht so sehr die Leute ermuntern, zu Jesus zu kommen. Er fände solche Predigten zu bedrängend. „Sie bestürmen die Leute zu sehr, zu Christus zu kommen. Ich bin für diese Art nicht zu haben." Aber dann fügte er hinzu: „Obwohl ich solche Predigten nicht mag, ist es doch offensichtlich so, dass der Herr sie mag, denn mein Schwiegersohn ist unter solcher Predigt zu Gott umgekehrt. Als ich am darauf folgenden Sonntag voller Ärger nach Hause kam, weil Sie so sehr von dem Erweckungsprediger Fuller beeinflusst sind, saß meine Tochter da und weinte sich das Herz aus dem Leibe. Also nehmen Sie keine Rücksicht auf so einen alten Mann wie mich. Solange Gott Sie segnet, machen Sie weiter in Ihrer Art."

Spurgeon fragte ihn daraufhin: „Aber meinen Sie nicht auch, lieber Bruder, dass, wenn Gott diese Art des Predigens bestätigt, auch Sie sie mögen sollten?"

„Vielleicht sollte ich, aber ich bin ein alter Mann und bin in diesen Ansichten erzogen worden. Ich fürchte, dass ich da nicht mehr herauskann. Aber nehmen Sie nicht die geringste Notiz von dem, was ich sage."

Genau das tat Spurgeon daraufhin, und so waren sie schließlich wieder einer Meinung.

Dankbar war Spurgeon, wenn er in seiner Gemeinde gute Kritiker und Mahner fand, die es aufrichtig mit ihm meinten. Zu ihnen gehörte auch ein Diakon mit Namen King. Er war Schriftführer und Kassenwart und führte seine Amtsgeschäfte in bewundernswerter Ordnung. Er war von ruhiger Art und handelte überlegt. Auch strahlte er viel Wärme und Herzlichkeit aus und hatte eine Frau, die ihm hilfreich zur Seite stand. Sie war die ideale Partnerin für ihn. Dieses Ehepaar wurde im ganzen Ort geachtet, weil es so gütig, zuvorkommend und freundlich war. Es besaß auch viel Takt und Weisheit. So berichtet Spurgeon von dem Paar:

„Einmal gab mir King in seiner rücksichtsvollen Art einen freundlichen Hinweis. Er sagte mir nicht, dass ich auf der Kanzel behutsamer reden sollte, sondern, als ich eines Montagmorgens sein Haus verließ, fand ich in meiner Bibel eine Stecknadel, die durch Titus 2,8 gesteckt war: ‚... mit gesundem und untadligem Wort, auf dass der Widersacher beschämt werde und nichts habe, das er von uns Böses sagen möge.' Nichts hätte feinfühliger sein können. Die kluge Zurechtweisung war wirklich verdient und wurde gerne angenommen. Sie war so geschickt ausgeteilt worden, dass ihr Wert dadurch unendlich gesteigert wurde. Herr King war für mich wie auch für die Gemeinde in Waterbeach der Diakon aller Diakone."

Der Kampf mit dem Kirchenschlaf

Not hatte Spurgeon mit seinem Gottesdienst am Sonntagnachmittag. Nach einem guten Mittagessen, bei dem sich die Gemeindeglieder an Roastbeef und Pudding satt gegessen hatten, waren sie zumeist sehr müde. Es dauerte gar nicht lange, dann schliefen viele der Besucher ein. Spurgeon suchte nach einem Ausweg und schrie plötzlich laut und mit aller Macht: „Feuer! Feuer!" Die Schläfer sprangen von den Bänken auf und fragten: „Wo? Wo?" Spurgeon antwortete ihnen: „In der Hölle, für Sünder, die den Erlöser nicht annehmen wollen."

Ein bissiger Hund

Einmal wurde Spurgeon eingeladen, auf einem Jahresfest zu predigen. Der alte Herr Sutton hatte gehört, dass er ein guter Verkündiger sei. Gesehen hatte er ihn aber noch nie. So wusste er nicht, dass Spurgeon noch so jung war. Nachdem sich die beiden begrüßt hatten, sagte er: „Ich hätte Sie nicht hierher gebeten, wenn ich geahnt hätte, dass Sie noch so jung sind. Den ganzen Morgen strömen die Leute hierher. Sie kommen mit Kutschen und Eselsfuhrwerken und auf alle mögliche Art. Ein großer Haufen Narren", fügte er hinzu.

„Nun", sagte Spurgeon, „ich kann ja jederzeit wieder nach Waterbeach zurückgehen. Bestimmt werden die Leute dort sehr froh sein, wenn ich wieder da bin."

„Nein, nein", sagte der alte Pastor, „jetzt sind Sie einmal hier, jetzt müssen Sie Ihr Bestes geben. Da ist noch ein junger Freund aus Cambridge hier, der hilft Ihnen; wir werden nicht viel von Ihnen erwarten."

Und während er die Tür zum Gemeinderaum öffnete, murmelte er noch: „Du liebe Güte! Wohin soll diese Welt noch kommen, wenn wir als Prediger Kinder haben, die noch nicht einmal die Muttermilch runtergeschluckt haben."

Spurgeons Zeit war gekommen. Er ging zur Kanzel hinauf an dem alten Pastor vorbei, der auf den Stufen saß – vermutlich jederzeit bereit, mit dem Gottesdienst weiterzumachen, falls Spurgeon am Ende wäre. Nach Gebet und Gesang las Spurgeon aus dem Buch der Sprüche jenes Kapitel vor, das die Worte enthält: „Graue Haare sind eine Krone der Ehre." Als er bis dahin gelesen hatte, unterbrach er und meinte:

„Das bezweifle ich, denn heute Morgen habe ich einen Mann mit grauem Haar getroffen, der noch nicht einmal die allgemeine Höflichkeit gegenüber seinen Mitmenschen beherrschte." Dann fuhr er mit seiner Lesung fort: „‚Auf dem Weg der Gerechtigkeit wird sie gefunden!' Aha", sagte er, „das ist natürlich etwas anderes. Ein graues Haar ist dann eine Krone der Ehre, wenn es gerecht ist. Dann gilt das auch für rotes und für alle anderen Haarfarben." Er fuhr fort mit der Predigt und gab sein Bestes.

Als er anschließend von der Kanzel herunterkam, schlug Herr Sutton ihm auf die Schulter und erklärte: „Das war großartig! Ich bin seit fast 40 Jahren Prediger und habe noch nie einen solchen Gefallen an einer Predigt gefunden. Aber Sie sind auch der bissigste Hund, der je auf einer Kanzel gebellt hat." Auf dem Nachhauseweg ging der Pastor immer wieder zu den kleinen Gruppen der Leute, die die Predigt diskutierten. Spurgeon hörte, wie er sagte: „So etwas habe ich in meinem ganzen Leben noch nie erfahren. Wenn ich daran denke, wie unfreundlich ich ihn behandelt habe!“ Die beiden hatten dann noch eine gute Zeit miteinander. Gott hatte die Predigt gesegnet, und seitdem waren Herr Sutton und Spurgeon die besten Freunde.

Der Ruf nach London

1854 wurde Spurgeon zur New Park Street Gemeinde nach London berufen. Der Gottesdienst in dieser riesigen Kirche war äußerst spärlich besucht. Nur 200 Menschen kamen jeden Sonntag. Was aber den jungen Spurgeon zum Staunen brachte, war das innige, ernsthafte Beten der Gemeindeglieder. Ehrfurcht lag darin, und es war, als würde die Kraft des Herrn alle umhüllen. Das bewegte Spurgeon zutiefst.

Spurgeon empfand es als ein großes Vorrecht, dass er in einer betenden Gemeinde predigen durfte. Er wurde selbst durch die Wirkung seiner Predigten erschreckt.

Er schreibt über diese Zeit: „Der Gedanke an die ‚Karriere‘, die sich da vor mir zu öffnen schien, machte mich keineswegs stolz, sondern warf mich vielmehr in die tiefste Tiefe hinunter. Ich konnte nur noch: ‚Erbarme dich!‘ rufen, aber nicht mehr: ‚Ehre sei Gott in der Höhe!‘ Wer war ich denn, dass ich weitermachen und eine solch große Schar führen sollte? Ich wollte wieder zurück in die Verborgenheit des Dorfes oder nach Amerika auswandern und irgendwo in den Wäldern ein einsames Nest finden, wo ich für das, was von mir verlangt werden würde, geeignet war. Es war die Zeit, da sich der Vorhang über dem, was mein Lebenswerk sein sollte, hob, und ich fürchtete mich vor dem, was er enthüllen würde. Ich hoffte, dass ich nicht ohne Glauben war, aber ich war voller Furcht und mit dem Wissen um meine Unzulänglichkeit erfüllt. Ich fürchtete mich vor dem Werk, das eine gnädige Vorsehung für mich bereitet hatte. Ich fühlte mich wie ein kleines Kind und zitterte, als ich die Stimme hörte, die zu mir sprach: ‚Erhebe dich und dresche die Berge und mache sie zu Häcksel!‘ Diese Niedergeschlagenheit kommt jedes Mal über mich, wenn der Herr einen größeren Segen für meinen Dienst bereithält; die Wolke ist schwarz, bevor sie auseinander bricht, sie ist überschattet, bevor sie die Flut der Gnade entlässt. Das Scheuern des Gefäßes hat es brauchbar gemacht für den Dienst des Herrn."

Man kann erahnen, durch welch große Anfechtungen der begnadete Verkündiger gegangen ist. Gott hat ihn in einzigartiger Weise gebrauchen können, um das Evangelium zu verkündigen. Spurgeon war bereit, diesen inneren Zerbruch an sich geschehen zu lassen, wenn dadurch Menschen von Christus angezogen und gerettet werden würden. Ihm ging es nicht um eigenes Können und eigenes Vermögen, sondern allein um die Ehre Gottes, und für dieses hohe Ziel lohnte sich jeder Einsatz.

Er war sich bewusst, dass alle eigenen Gelöbnisse und Entschlüsse zum Scheitern verurteilt waren, weil ihnen die Kraft fehlte, sie auszuführen. So setzte er sein Vertrauen allein auf Gott in der Hoffnung, dass sein Wort lebendig ist wie „ein zweischneidig Schwert, das durchdringt, bis dass es scheidet Seele und Geist, auch Mark und Bein, und ist ein Richter der Gedanken und Sinne des Herzens". Sein Dienst war von Vollmacht begleitet, und viele Menschen fanden durch ihn zu Christus.

Außergewöhnliche Bekehrungen

Spurgeon schreibt über diese Zeit: „Ich könnte viele Geschichten von den bemerkenswerten Bekehrungen erzählen, die sich in diesen Tagen ereigneten. Einmal, als ich in der Sakristei saß, kam ein Ire, um mit mir zu sprechen. Er begann das Gespräch, indem er eine tiefe Verbeugung machte und sagte: ‚Herr Pastor, ich bin gekommen, um Sie etwas zu fragen.'

‚O', sagte ich, ‚ich bin kein Pastor, das ist kein Titel, nach dem ich mich sehne. Aber was haben Sie für eine Frage, und warum sind Sie damit nicht zu Ihrem Pastor gegangen?'

Er antwortete: ‚Ich bin ja zu ihm gegangen, aber seine Antwort gefällt mir nicht.'

‚Also gut, was haben Sie für eine Frage?‘

‚Gott ist gerecht. Und wenn Gott gerecht ist, dann muss er meine Sünden bestrafen. Und doch sagen Sie, dass Gott gnädig ist und Sünden vergeben will. Ich kann nicht verstehen, wie das stimmen soll. Er hat kein Recht dazu, so etwas zu tun. Er muss gerecht sein und die bestrafen, die es verdient haben. Sagen Sie mir, wie das möglich ist, dass Gott gerecht und zugleich gnädig sein kann.‘

‚Das ist möglich durch das Blut Christi.‘

‚Ja, das hat mir mein Pastor auch schon gesagt, an dem Punkt stimmen Sie mit ihm überein. Aber er sagte noch manches andere, was ich nicht verstand, und zudem befriedigt mich diese Antwort nicht. Ich möchte wissen, wie das Blut Christi Gott in die Lage versetzt, gerecht zu sein und doch gnädig.‘

Da verstand ich, was er eigentlich wissen wollte, und ich erklärte ihm den Plan der Erlösung:

‚Nun, nehmen wir einmal an, Sie hätten einen Mann getötet, und der Richter würde sagen: Dieser Ire muss hängen.‘

Schnell antwortete er: ‚Und ich hätte es vollauf verdient, gehängt zu werden.‘

‚Aber, nehmen wir weiter an, ich würde Sie sehr gern haben. Können Sie sich einen Weg vorstellen, wie ich Sie vor dem Erhängen retten könnte?‘

‚Nein, das kann ich nicht.‘

‚Dann nehmen wir an, ich würde zur Königin gehen und sagen: Bitte, Eure Majestät, ich habe diesen Iren sehr gerne. Ich glaube, dass der Richter den Urteilsspruch zu Recht gesprochen hat, als er sagte, dass er hängen müsse. Aber lassen Sie mich an seiner Stelle hängen, damit das Gesetz erfüllt wird.

Nun, die Königin könnte wahrscheinlich diesem Vorschlag von mir nicht folgen. Aber nehmen wir einmal an, sie könnte es – und Gott kann es, denn er hat viel mehr Macht als alle Könige und Königinnen –, und nehmen wir also folglich an, die Königin würde mich an Ihrer Stelle aufhängen. Denken Sie, dass die Polizei dann später kommen und Sie noch zur Hinrichtung führen würde?‘

‚Nein, ich glaube nicht. Sie würden sich nicht mehr mit mir abgeben. Und wenn sie es doch täten, würde ich sagen: Was tut ihr da? Lasst mich in Ruhe. Ihr wollt doch nicht zwei Menschen für ein und dasselbe Verbrechen hängen, oder?‘

‚Sehen Sie, mein Freund, da haben Sie den Punkt getroffen. Auf diesem Weg werden wir gerettet! Gott muss die Sünde bestrafen. Christus sagte: Mein Vater, bestrafe mich anstatt des Sünders! Und Gott tat es. Gott legte die ganze Last unserer Sünden auf seinen geliebten Sohn, Jesus Christus, samt allen Strafen und Züchtigungen. Und nun, da Christus an unserer Stelle bestraft worden ist, wäre Gott nicht mehr gerecht, wenn er irgendeinen Sünder, der an den Herrn Jesus Christus glaubt, bestrafen würde. Wenn Sie an Jesus Christus glauben, den hochgeliebten und einzigen Sohn Gottes, dann sind Sie gerettet und können Ihren Weg mit Freuden gehen.‘

‚Ich glaube‘, sagte der Mann und klatschte in die Hände, ‚das ist Evangelium. Nun bin ich gerettet. Mit allen meinen Sünden, die ich habe, vertraue ich auf den Mann, der für mich starb, und bin gerettet.‘“

Eine andere außergewöhnliche Bekehrung war die eines Mannes, der regelmäßig am Sonntagabend in ein Wirtshaus ging und dort seinen Gin holte. Er sah eine Ansammlung von Menschen um die Kapellentür herum und wunderte sich, was denn da los sei. Also kam er herein und erzwang sich seinen Weg durch die Menge bis in den Innenraum. Genau in diesem Augenblick drehte sich Spurgeon in seine Richtung um. Aus irgendeinem Grund sagte er, dass da vielleicht jemand in der Halle sei, der mit keinen guten Absichten hereingekommen sei, denn er habe selbst jetzt die Schnapsflasche in der Tasche. Diese seltsam zutreffende Aussage traf den Mann. Er war erstaunt, weshalb der Prediger ihn so genau beschreiben konnte, und hörte aufmerksam bei den Warnungen, die nun folgten, zu. Das Wort erreichte sein Herz, Gottes Gnade begegnete ihm, er tat Buße und bemühte sich, sein Leben in der Ehrfurcht vor Gott zu führen.

Bei einer anderen Gelegenheit kam eine Prostituierte zum Glauben. Sie hatte vorgehabt, sich auf einer Brücke das Leben zu nehmen. Aber als sie an diesem Sonntagabend an der Kapelle vorbeikam, beschloss sie hineinzugehen. Sie wollte zum letzten Mal etwas hören, das sie vielleicht zubereiten könnte, bevor sie vor ihren Schöpfer trat. Sie erkämpfte sich einen Weg in das Seitenschiff und konnte nun, selbst wenn sie gewollt hätte, nicht mehr heraus. Spurgeon erzählt: „Der Text an diesem Abend lautet: ‚Siehst du diese Frau?' Ich beschrieb die Frau, die eine stadtbekannte Sünderin war, und malte es den Zuhörern vor Augen, wie sie die Füße ihres Erlösers mit Tränen wusch und mit ihrem Haar trocknete; denn sie liebte viel, weil ihr viel vergeben war." Während er predigte, zerfloss die unglückliche Frau in Tränen bei dem Gedanken, dass hier ihr eigenes, unglückliches Leben vor der ganzen Versammlung gezeichnet wurde. Er hatte die große Freude, erstens einen hoffnungslosen Menschen vor dem Selbstmord bewahren zu können und dann zweitens ihre Seele aus der Gottesferne zu retten.

Viele ähnliche Wirkungen von Gottes Gnade haben sich im Laufe der Jahre im Tabernakel ereignet. Männer und Frauen sind hereingekommen, einfach aus Neugierde, die oft durch eine unwahre Geschichte oder böswillige Verleumdung voreingenommener Menschen verursacht worden war. Und doch hat Jesus Christus sie gerufen, und sie wurden seine Jünger. Einige von ihnen, bei denen man es kaum erwartet hätte, waren später gesegnete Menschen im Dienst für Gott.

Großen Wert legte Spurgeon auch auf die Gebetsstunden, die immer am Montagabend stattfanden. Auf diese Stunden bereitete er sich bewusst nicht vor, damit er das freie Sprechen lernte. Er suchte einfache Bibeltexte aus, die vom Glauben handelten. Er überlegte, was ihn an diesem Tag beschäftigt hat, wovon die Bibellese handelte, was ihn in der Woche besonders bewegt hatte und was ihn aus den Liedern und Gebeten ansprach. Damit wollte er sich selbst erproben, ob er über seinen Glauben Rechenschaft ablegen könnte. „Jeder gute Handelsvertreter", so sagte er sich, „der sein Geschäft versteht, weiß seine Ware anzupreisen und seine Kunden von der Qualität seiner Produkte zu überzeugen. Genau so sollte ein Prediger jederzeit davon Zeugnis ablegen können, was ihm Christus bedeutet. Er dürfe nie ohnmächtig und hilflos dastehen, wenn es um das Herzstück seines Lebens mit Christus ginge."

Ein bedeutsames Erlebnis

Spurgeon erzählt:

„Einmal hatte ich während meiner Predigt ein ganz besonderes Erlebnis in meiner Gemeinde. Ich war gut durch den Anfang dieses Gottesdienstes gekommen und ließ gerade das Lied vor der Predigt singen. Ich öffnete meine Bibel, um den Text zu finden, den ich sehr sorgfältig für die Predigt studiert hatte. Da sprang mich von der neben meinem Text liegenden Seite eine andere Stelle der Schrift an wie ein Löwe, der aus dem Dickicht kommt, mit ungeheurer Macht, viel mehr, als ich je gefühlt hätte, wenn ich diesen Text gelesen hätte. Die Leute sangen, und ich war im Kampf mit mir selber. In meinem Kopf hatte ich für beide Texte genügend Argumente. Natürlich wollte ich gerne das darlegen, was ich so sorgfältig ausgearbeitet hatte, aber der andere Schriftabschnitt wollte mir nicht aus dem Sinn gehen. Er schien an meinen Kleidern zu ziehen und zu schreien: ‚Nein, nein, du musst über mich predigen! Gott möchte, dass du mir folgst.' Ich überlegte, was denn meine Pflicht sei. Ich wollte weder fanatisch noch ungläubig sein, und so dachte ich schließlich: ‚Nun gut, eigentlich sollte ich ja die Predigt halten, auf die ich mich vorbereitet hatte, und es ist sicher ein großes Risiko, wenn ich einem ganz neuen Gedankengang folge. Aber da nun einmal dieser Text mich dazu zu drängen scheint, ist es vielleicht vom Herrn, und deshalb werde ich es wagen, komme, was da wolle.' Gewöhnlich sage ich gleich nach der Einleitung, welche Punkte ich in meiner Predigt habe, aber dieses Mal machte ich es aus guten Gründen nicht. Den ersten Punkt konnte ich mit beachtlicher Freimütigkeit behandeln, und was ich sagte, war sowohl vom Gedankengang als auch von den Worten her in Ordnung. Bei dem zweiten Punkt merkte ich in besonderer Weise, wie Gottes Macht mich leitete. Doch ich hatte keine Ahnung, was der dritte Punkt sein sollte oder könnte, denn der Text ließ damals für mich keinen weiteren Punkt zu. Selbst heute kann ich noch nicht sagen, was ich getan hätte, wenn nicht etwas eingetreten wäre, mit dem ich nicht gerechnet hatte. Ich hatte mich selbst in große Schwierigkeiten gebracht, als ich dem folgte, was ich für einen göttlichen Impuls hielt. Doch ich fühlte mich relativ sicher, weil ich daran glaubte, dass Gott mir helfen würde, und weil ich wusste, dass ich den Gottesdienst abschließen könnte, wenn es nichts mehr zu sagen gab. Aber ich hatte es nicht nötig, dies zu entscheiden, denn ganz plötzlich saßen wir in totaler Finsternis. Das Gas war ausgegangen, und da die Seitenschiffe voll gestopft mit Menschen waren und der ganze Raum überfüllt war, kam eine große Gefahr auf mich zu, aber auch ein großer Segen. Was sollte ich tun? Die Leute waren etwas verängstigt, aber ich beruhigte sie sehr schnell, indem ich ihnen sagte, dass sie nicht erschrocken sein müssten, das Gas sei wohl ausgegangen, und es würde bald wieder hell werden. Ich für meinen Teil hätte kein Manuskript und könnte daher genauso gut in der Finsternis sprechen wie im Licht. Sie sollten so freundlich sein, sich wieder hinzusetzen oder still zu stehen und zuzuhören. Hätte ich eine ausgearbeitete Predigt vor mir gehabt, dann wäre es undenkbar gewesen, sie zu Ende zu führen. So war ich trotz der misslichen Lage nicht aufgeregt. In Gedanken kam mir sofort der gut bekannte Text in den Sinn, der von dem Kind des Lichts spricht, das in der Finsternis wandelt, und vom Kind der Finsternis, das im Licht wandelt, und ich fand genügend treffende Beispiele, die nur so in meinen Geist einströmten. Als die Lampen wieder aufleuchteten, sah ich vor mir eine so aufmerksame Zuhörerschaft, wie man sie sich nur wünschen kann. Das eigentlich Seltsame an der ganzen Geschichte war, dass wenig später in einer anderen Gemeindeversammlung zwei Personen nach vorne kamen, um ihren Glauben zu bekennen. Sie gaben an, sie hätten an diesem Abend, da das Licht ausgegangen war, zum Glauben an Christus gefunden. Der eine von ihnen verdankte seine Hinwendung zu Jesus dem ersten

Teil der Predigt über den Text, der mir so ins Auge gesprungen war; der andere führte es zurück auf den zweiten Teil, der durch die plötzliche Dunkelheit hervorgerufen war. So nahm sich die göttliche Vorsehung meiner an. Ich warf mich selbst ganz auf Gott, und er arrangierte es, dass das Licht genau in der für mich richtigen Zeit ausging. Einige mögen das lächerlich finden; ich bete dafür Gott an; einige mögen es sogar verurteilen, ich freue mich darüber."

Susannah Spurgeon, eine wunderbare Frau

In die Londoner Zeit fiel auch die Begegnung mit Susannah Thompson, die Spurgeon sich zur Frau erwählte. Sie begegnete ihrem zukünftigen Ehemann, als er zum ersten Mal am 18. Dezember 1853 in der Kapelle der New Park Street predigte.

Die Familie Olney hatte einen Morgengottesdienst von Spurgeon besucht. Danach erfüllten sehr unterschiedliche Gefühle ihr Herz. Sie hatten noch nie zuvor eine solche Predigt gehört und waren befremdet und erstaunt zugleich. Die Art, wie er predigte, ging den Menschen unter die Haut. Dennoch waren sie um den jungen Prediger besorgt, der durch die vielen leeren Kirchenbänke entmutigt war und sich offensichtlich zu den lieben Leuten in seiner überfüllten Kapelle in der Grafschaft Cambridge zurücksehnte. „Was können wir tun?", sagte der gute Diakon Olney, „wir müssen für heute Abend eine größere Versammlung auf die Beine kriegen oder wir werden ihn verlieren!" Also wurde an diesem Sonntagnachmittag eine große Schar von Freunden und Bekannten aufgesucht, die man auf verschiedene Weise überredete, dass sie in die Kirche kämen, um am Abend den wundervollen jungen Prediger zu hören. „Auch die kleine Susie muss mitkommen", meinte der gute alte Olney.

Die „kleine Susie" legte wohl keinen großen Wert darauf, in die Kirche zu gehen. Was sie aus den Berichten der Gottesdienstbesucher vom Morgen über die ungewöhnliche äußere Erscheinung des jungen Mannes gehört hatte, war für sie wie ein Schock. Es entsprach nicht ihren Vorstellungen von der Heiligkeit und Würde des geistlichen Dienstes. Um aber ihren Freunden einen Gefallen zu tun, ging sie doch mit. So war sie bei der zweiten Predigt ihres späteren Ehemannes anwesend.

Sie berichtete selbst:

„Wie wenig kam mir doch der Gedanke, dass meine Augen den sehen würden, der meine große Liebe werden sollte. Wie wenig träumte mir von der Auszeichnung, die Gott für mein Leben hier vorbereitete. Denn wenn ich die Wahrheit sagen soll, ich war in keiner Weise von der Rednergabe des jungen Predigers fasziniert, zumal seine einfache, dörfische Art zu reden und sich zu benehmen bei mir mehr Ablehnung als Bewunderung hervorrief. Ach, was war ich damals so dumm! Ich war nicht geistlich genug gesonnen, diese aufrichtige Darbietung des Evangeliums und sein vollmächtiges Ringen um die Sünder zu verstehen. Was ich sah, war der große schwarze Satin-Stehkragen, das lange, schlecht frisierte Haar und das blaue Taschentuch mit den weißen Punkten – das alles zog meine Aufmerksamkeit an und weckte in mir, so fürchte ich fast, Gefühle der Belustigung. Nur einen Satz habe ich aus der ganzen Predigt aufgenommen, und auch den nur wegen seiner seltsamen Ausdrucksweise. Meiner Ansicht nach war es außergewöhnlich, dass ein Prediger von den ‚lebendigen Steinen in dem himmlischen Tempel des Blutes Christi‘ redete.

Bis zu dieser Zeit hatte ich nie ein öffentliches Bekenntnis meines Glaubens abgelegt, obwohl ich unter der Verkündigung von Pastor Bergen etwa ein Jahr, bevor Spurgeon nach London kam, eingesehen hatte, dass ich einen Erlöser brauchte. Aber seither war ich kalt und uninteressiert geworden gegenüber den Dingen Gottes. Zeiten der Dunkelheit, der Verzagtheit und des Zweifels hatte ich durchgemacht, aber ich hatte alle religiösen Erfahrungen sehr sorgfältig in meiner Brust verschlossen. Meine Seele war kränklich und schläfrig, als ich die Predigten meines späteren Mannes hörte.“

Bei einem Sonntagsschulmitarbeiter suchte Susannah Rat, und der muss Spurgeon von den Glaubenskämpfen dieser jungen Frau erzählt haben. Er schenkte ihr Bunyans „Pilgerreise" und schrieb ihr als Widmung hinein: „Fräulein Thompson, mit dem Wunsch, sie möge auf der gesegneten Pilgerreise fortschreiten. Von C. H. Spurgeon, 20. April 1854."

„Ich glaube nicht, dass mein späterer geliebter Mann", so erzählt Susannah weiter, „zu diesem Zeitpunkt irgendetwas anderes im Sinn hatte, als einer Seele in ihrem Glaubenskampf auf dem Weg zum Himmel zu helfen. Doch beeindruckte mich sein Bemühen um mich sehr, und dieses Buch wurde für mich außerordentlich wertvoll und hilfreich. Nach und nach erzählte ich ihm, wenn auch mit viel Zittern, wie ich vor Gott stand, und er führte mich durch seine Predigten und die Gespräche in der Kraft des Heiligen Geistes sanft und behutsam zum Kreuz Christi, wo ich den Frieden und die Vergebung fand, die meine müde Seele so sehr suchte.

Diese Erfahrungen gingen eine ganze Zeit lang still und ohne viel Aufhebens vor sich, unsere Freundschaft wuchs immer mehr, und ich war glücklich.

Spurgeon hielt sich mit seinem Liebeswerben an einen Abschnitt, den er in einem Buch gefunden hatte:

‚Suche eine gute Frau von deinem Gott, denn sie ist die beste Gabe seiner Vorsehung; aber bitte nicht in kühnem Vertrauen um das, was er nicht versprochen hat. Du kennst seinen guten Willen nicht. Deshalb soll dein Gebet sich ihm unterordnen, und überlass deine Bitte seiner Gnade, sei versichert, dass er es mit dir wohl macht. Wenn du eine Frau deiner Jugend haben sollst, dann lebt sie heute schon auf der Erde; deshalb denke an sie und bete für ihr Wohl.'

Es gelang anlässlich einer Besichtigung, an der ich gemeinsam mit Spurgeon teilnahm, dass wir uns von der Gruppe absetzen und einen Spaziergang unternehmen konnten. So wanderten wir hinunter durch einen Garten zu einem See. Eine zarte, sanfte Stimme sagte mir in mein Ohr, so leise, dass es sonst niemand hören konnte: ‚Beten Sie für ihn, der einmal Ihr Ehemann sein wird.' Während dieses Spaziergangs an jenem denkwürdigen Tag im Juni, so glaube ich, hat Gott selbst unsere Herzen mit dem Band wahrer Zuneigung verbunden.

Nicht lange danach, am 2. August 1854, wurde das süße Geheimnis zwischen uns öffentlich bekannt gemacht. In dem Tagebuch, das ich damals führte, findet sich der freudige Eintrag: 2. August 1854 – es ist unmöglich, all das niederzuschreiben, was heute Morgen geschehen ist. Ich kann nur in Stille die Gnade meines Gottes anbeten und ihn für all seine Wohltaten loben.'

Nach unserer Verlobung lernten wir uns sehr schnell immer besser kennen. Ich ging, sooft ich konnte, zu den Gottesdiensten und Veranstaltungen seiner Gemeinde und wurde dort am 1. Februar 1855 von meinem geliebten Mann nach dem Bekenntnis meiner Buße und Umkehr zu Gott und auf meinen Glauben an unseren Herrn Jesus Christus getauft.

Der junge Prediger hatte nicht viel Zeit neben seinen Pflichten, aber er kam gewöhnlich am Montag zu mir und brachte seine Predigt mit, die er für die Presse überarbeiten musste. Ich lernte es, still zu sein und meinen eigenen Aufgaben nachzugehen, während er seine wichtige Arbeit tat. Dies war eine gute Schulung für eine zukünftige Pastorenfrau.

Wir wünschten uns beide, einen Besuch in Colchester machen zu können, damit ich den Eltern Spurgeons als ihre zukünftige Schwiegertochter vorgestellt werden konnte. Nach einigen Schwierigkeiten und Enttäuschungen erhielt ich dazu die Erlaubnis meines Vaters, und so brachen wir zu unserer ersten und entscheidenden Reise auf. Das wunderbare Neuland dieser Erfahrung haben wir erfrischend und lebendig aufgenommen. Es ist nicht verwunderlich, dass meine Erinnerungen an diesen Besuch zwar etwas verschwommen, aber auch durch und durch glücklich sind. Ich wurde herzlich willkommen geheißen, umarmt und liebevoll in die Familie aufgenommen. Ich erinnere mich, dass ich an alle Orte und Objekte von Interesse in und um Colchester gebracht wurde; aber was ich da sah, weiß ich nicht mehr. Die Freude darüber, dass ich den ganzen Tag mit meinem Geliebten zusammen sein konnte, und das drei oder vier Tage lang, war genug, um mein Herz unsagbar glücklich zu machen.

Im Laufe der Zeit bekam mein Geliebter immer mehr Predigtverpflichtungen, und doch fand er immer wieder Zeit, mich durch seine liebevollen Briefe und Besuche froh zu machen. Am Sonntagmorgen erlaubten mir meine Eltern fast immer, an seinen Gottesdiensten teilzunehmen. Und doch war diese Freude mit viel Schmerz durchzogen, denn im Frühjahr des Jahres 1855 predigte er in der Exeter-Halle vor einer großen Menschenmenge. Seine physische Belastung war riesengroß. Manchmal schien seine Stimme fast zu brechen und zu versagen, wenn er die Sünder aufforderte, zu Christus zu kommen, oder wenn er den Herrn in seiner Allmacht und Gerechtigkeit verherrlichte. Unter dem Pult auf dem Tisch vor ihm stand immer ein Glas mit scharfem Weinessig. Ich wusste, was es bedeutete, wenn er auf dieses Mittel zurückgreifen musste. Wie hat mein Herz für ihn geschmerzt! Welche Selbstbeherrschung war nötig, um ruhig und gefasst zu bleiben und still auf meinem Platz in der kleinen Seitengalerie zu sitzen. Wie gerne hätte ich das Recht gehabt, nach dem Gottesdienst hinzugehen und ihn zu trösten und aufzumuntern. Stattdessen ging ich weg wie alle anderen Leute auch – ich, die ich zu ihm gehörte und ihm näher war als jeder andere dort. Es war eine harte Schule für ein junges und liebendes Herz.

Mit seltener Klarheit sehe ich vor mir jenen Sonntagabend, als er über den Text predigte: ‚Sein Name wird in Ewigkeit bleiben.' Mit diesem Thema war er in seinem Element. Es war sein Hauptanliegen, seinen Erlöser zu loben, und er schien in dieser Predigt seine Seele und sein Leben vor seinem wunderbaren König in Huldigung und Anbetung auszuschütten. Ich aber fürchtete, er werde im Angesicht all dieser Menschen sterben. Als er mit seiner Predigt fertig war, machte er einen letzten Versuch, noch einmal seine Stimme zurückzugewinnen. Sie versagte fast völlig, und nur in gebrochenen Sätzen konnte man den ergreifenden Schluss seiner Rede hören: ‚Auch wenn ich vergehe, der Name Christi bleibt auf ewig. Jesus! Jesus! Jesus! Krönt ihn zum Herrn aller Dinge! Ihr werdet von mir nichts anderes mehr hören. Dies sind für heute meine letzten Worte in der Exeter-Halle: Jesus! Jesus! Jesus! Krönt ihn zum Herrn aller Dinge!' Dann fiel er fast ohnmächtig zurück auf den Stuhl, der hinter ihm stand."

Später war seine Stimme durch die vielen Predigten so gut trainiert, dass solche Schwächeanfälle nicht mehr vorkamen. Im Gegenteil, er verfügte über eine silberklare Stimme, die auch im Freien seine Worte zu vielen Tausenden von Menschen trug.

Sein Werk wuchs fast täglich, und er wurde immer bekannter. In dieser Zeit gab es denkwürdige Versammlungen unter freiem Himmel. Seine Briefe, die uns erhalten sind, geben Einblick in zwei dieser Ereignisse. So schreibt er über den 2. Juni 1855:

„Am letzten Abend kamen etwa 500 Menschen auf das Feld und gingen nachher auch mit zur Kapelle. Mein Herr hat mir Vollmacht und Freimütigkeit gegeben. Ich glaube sicher, dass Menschen gerettet wurden. Was mich betrifft, so habe ich wie der schlimmste der Sünder gepredigt zu solchen, die wie ich die schlimmsten der Sünder sind. Es gab viele Tränen und nicht weniges Lachen."

Am 23. des gleichen Monats erhielt seine Verlobte einen jubelnden Brief, in dem Folgendes stand:

„Gestern bin ich auf die Höhe der Herrlichkeit eines Predigerlebens gestiegen. Meine Versammlung war ungeheuer groß, ich denke, es waren 10 000 Leute. (Es war auf einem Feld in Hackney.) Jedenfalls waren es zweimal so viele wie in der Exeter-Halle. Der Herr war mit mir, es herrschte eine andächtige Stille. Dann der Abschluss – noch nie hat ein sterblicher Mensch einen begeisterteren Beifallssturm erlebt. Es ist ein Wunder, dass ich noch am Leben bin. Nach dem Gottesdienst versuchten fünf oder sechs Herren einen Durchgang zu schaffen, aber ich wurde unter Tränen und Gebet mindestens eine Viertelstunde herumgetragen. Mir kam es wie eine Woche vor. Ich versuchte, bei meinen Runden um das Feld herum einen Ausweg zu finden. Plötzlich sah ich eine schöne, offene Kutsche, in der zwei Leute saßen. Ich sprang hinein und bat die Insassen wegzufahren. Dies taten sie freundlicherweise, und ich stand auf, winkte mit meinem Hut und rief: ‚Der Segen Gottes sei mit euch!' Tausende von Hüten wurden erhoben, und viele Tränen flossen. Natürlich konnte ich auch mitten in diesem Applaus schon das Donnern eines nahenden Sturmes der Ablehnung hören. Aber selbst das kann ich um des Herrn willen ertragen."

Das war wie eine Prophetie, denn in diese Begeisterungsstürme fielen, wie der Reif in einer Frühlingsnacht, auch Hass und Neid seiner Gegner; denn die Wahrheit des Evangeliums wurde nicht von allen Menschen angenommen. Die, die sie ablehnten, sparten nicht mit Hohn und Spott. Um Christi willen musste Spurgeon das Kreuz der Verachtung tragen. Aber er ließ sich weder durch Lob und Ehre noch durch Schimpf und Schande davon abbringen, Jesus die Treue zu halten und seinen Namen zu verkündigen. Das Jahr 1855 ging seinem Ende entgegen, und Spurgeon und seine Verlobte freuten sich auf ihr gemeinsames Leben, das sie nun bald beginnen würden. Sie wussten, dass sie in einer Ehe verbunden sein würden, die „im Himmel geschlossen ist". Weihnachten verbrachte Spurgeon noch bei seinen Eltern. Nachdem er sich von Susannah verabschiedet hatte, schrieb er ihr sogleich einen Brief:

„Meine Süße, wie liebe ich dich! Ich sehne mich danach, dich zu sehen. Und doch ist erst eine halbe Stunde vergangen, seit ich dich verlassen habe. Tröste dich selbst in meiner Abwesenheit mit dem Gedanken, dass mein Herz bei dir ist. Mein gnädiger Gott möge dich in allen Dingen segnen – im Herzen, in deinen Gefühlen, im Leben, im Tod, im Himmel! Mögen deine Qualitäten voll zur Geltung kommen, deine Pläne verwirklicht werden, dein Eifer weiterhin anhalten, deine Liebe zu Gott größer und deine Gotteserkenntnis immer tiefer und weiter werden. Ja, möge dir noch mehr zuteil werden, als selbst mein Herz wünschen und meine Hoffnung erwarten kann. Mögen wir füreinander zum Segen sein: Wo ich irre, sollst du vergeben, und wo du einen Fehler machst, will ich ihn mehr als übersehen. Dein bin ich bis in den Himmel und auch dann noch. – C. H. Spurgeon."

Die Hochzeit

Die Hochzeit war für den 8. Januar 1856 angesetzt. In der überfüllten Kapelle hatte sich eine riesige Hochzeitsgesellschaft versammelt. Selbst auf den Straßen warteten viele Menschen auf das Brautpaar.

Dann war es endlich so weit. Der Gottesdienst konnte beginnen. Mit feierlicher Freude im Herzen stand das junge Paar Hand in Hand vor dem Altar. Sie sprachen sich die wenigen kurzen Worte zu, die sie rechtlich miteinander verbanden, solange dieses Leben dauert. Der goldene Ring, der an Susannahs Finger gesteckt wurde, sollte auch dann noch, als er längst dünn und abgenutzt war, von der Liebe Zeugnis geben. Er war das feste Unterpfand einer innigen Verbindung, die die bleibende geistliche und geistige Gemeinschaft ausdrückte.

In einer Londoner Zeitung war am folgenden Tage zu lesen:

„Gestern Morgen konnte man eine seltsame Szene in der Umgebung der New Park Street Kapelle beobachten. Diese Kapelle ist ein großes Gebäude, das der Baptistenvereinigung gehört. Der Pastor an diesem Gottesdienstort ist C. H. Spurgeon, ein sehr junger Mann, der vor einigen Monaten ein hohes Maß an Begeisterung in der Exeter-Halle hervorgerufen hat, wo er während der Zeit, in der seine Kapelle erweitert wurde, predigte. Gestern Morgen heiratete der junge Prediger. Obwohl an diesem Tag keine Aristokraten heirateten, fand sich eine riesige und begeisterte Menschenmenge zusammen. Der Morgen war dunkel, feucht und kalt, und doch strömten etwa 500 Damen in ihren besten Gewändern mit ihren Herren herbei. Es waren Mitglieder der Gemeinde und persönliche Freunde des Paares. Von da an wuchs die Menschenmenge so schnell, dass die Durchfahrt blockiert war und ein Polizeitrupp entsandt werden musste, um Unfällen vorzubeugen. Als schließlich die Kapellentüren geöffnet wurden, gab es einen wahren Ansturm. Die Braut war Fräulein Susannah Thompson, die einzige Tochter von Herrn Thompson aus London. Die Zeremonie wurde durchgeführt von Pastor Dr. Alexander

Fletcher. Nach Abschluss der Trauung sprachen die Anwesenden in ihren Gratulationen dem neu verheirateten Paar ihre Glückwünsche aus."

Schwere Verleumdungen

Die Zeit des jungen Glücks war nur kurz. Es folgten heftige Angriffe auf Spurgeon, die die junge Ehe stark belasteten. Susannah litt, wenn sie wieder einmal in der Presse lesen musste, wie heftig ihr Mann angegriffen wurde. Sie schreibt dazu:

„Welch bittere Schmerzen bedeuteten diese bitteren und hässlichen Angriffe für mich. Entweder trauerte mein Herz mit ihm oder es entbrannte in Entrüstung gegen seine Angreifer. Lange Zeit fragte ich mich, was ich tun könnte, um ihm einen ständigen Trost vor Augen zu halten, bis ich schließlich einen Ausweg fand. Ich nahm die folgenden Bibelverse und fasste sie in einen Rahmen: ‚Selig seid ihr, wenn euch die Menschen um meinetwillen schmähen und verfolgen und reden allerlei Übles wider euch. Seid fröhlich und getrost, es wird euch im Himmel wohl belohnt werden. Denn also haben sie verfolgt die Propheten, die vor euch gewesen sind.' (Matthäus 5,11-12)

Dieser Text wurde in unserem Haus aufgehängt, und der Prediger las ihn jeden Morgen. Das Bibelwort erfüllte seinen Dienst mit reichem Segen, denn es stärkte sein Herz und machte ihn fähig, sich in Gottes Kraft innerlich zu wappnen, damit er freundlich mit den Menschen umgehen konnte und sich von den Verleumdungen seiner Gegner nicht unterkriegen lassen brauchte. Er konnte allein auf ihr Bestes bedacht sein und sich um ihre wichtigsten Bedürfnisse kümmern."

Es gab aber auch wohlgesinnte Kritiker, zu denen James Grant, der Herausgeber einer Morgenzeitung, gehörte. Er beurteilte Spurgeon folgendermaßen:

„‚Der Pastor C. H. Spurgeon'

Ein junger Mann, 21 Jahre alt, ist vor kurzem unter unsern

Predigern unter diesem Namen in unserer Stadt aufgetaucht und schafft eine große Sensation in der religiösen Welt.

Wie groß die Bekanntheit dieses fast noch jungenhaften Predigers ist, wird sehr bald deutlich, wenn man bedenkt, dass gestern sowohl am Morgen als auch am Abend die riesige Halle, die viertausend bis fünftausend Menschen fasst, bis auf den letzten Platz besetzt war."

Ein Doktor der Theologie schreibt an Spurgeon: „Sie haben einen starken Glauben und sind darin sehr aufrichtig. In dieser Tatsache liegt wie in dem Haar Simsons das Geheimnis Ihrer Vollmacht. Machen Sie weiter, mein Bruder, und möge Gott Ihnen noch weit mehr Erfolg in Ihrem Dienst schenken! ‚Predige das Wort, die alte Theologie, dieses herrliche Evangelium des hochgelobten Gottes, für das die Apostel arbeiteten und die Märtyrer starben!' Fahren Sie fort, in all Ihrem Lehren das Kreuz Christi zu verkündigen."

Spurgeon kam dieser Aufforderung nach, und es ist erstaunlich, wie viele Menschen durch seine Predigten zum Glauben fanden. Selbst die üble Nachrede führte dazu, dass die Leute neugierig wurden und diesen seltsamen Prediger hören wollten. Nicht selten fanden sie dann zum Glauben an Christus.

Spurgeon berichtet darüber:

„Ein Trunkenbold sagte: ‚Ich werde hineingehen und den alten Spurgeon hören.' So kam er herein, um sich über den Prediger lustig zu machen. Aber dann stand er dort, bis das Wort sein Herz traf; und er, der seine Frau schlug und aus seinem Haus eine Hölle machte, kam mich sehr bald besuchen, drückte mir die Hand und sagte: ‚Der Allmächtige segne Sie, Herr. Da ist etwas dran an der wahren Religion.'

Ich habe zu jenem Mann gesagt: ‚Schicken Sie Ihre Frau zu mir, damit ich höre, was sie über Sie sagt.' Die Frau ist gekommen, und ich fragte sie: ‚Was denken Sie nun über Ihren Ehemann, gute Frau?'

Sie antwortete: ‚O, mein Herr, so eine Veränderung habe ich in meinem ganzen Leben noch nicht gesehen. Er ist auf einmal so gut zu uns. Er ist wie ein Engel und war vorher wie ein Teufel zu uns. O, dieses verfluchte Trinken, Herr! Alles Geld trug er in die Gastwirtschaft. Und wenn ich in die Kirche ging, dann behandelte er mich danach sehr schlecht. Für ihn war ich dann noch weniger wert als ein Stück Vieh. O, zu denken, dass er nun am Sonntag mit mir kommt, und dass die Kneipe für ihn verschlossen ist! Und die Kinder, die ohne Schuhe oder Socken herumlaufen mussten, nimmt er nun auf seine Knie und betet jetzt so lieb mit ihnen. Welch eine Veränderung!'"

Spurgeon hat in seinen Predigten nie den Beifall oder die Zustimmung der Menschen gesucht. Aber Gott hat es geschenkt, dass durch ihn viele zum Heil in Christus fanden. Darüber sagt er:

„Vor vielen Jahren wurde ich eines Abends, nachdem ich gepredigt hatte, von einem Kutscher nach Hause gefahren. Nachdem ich ausgestiegen war und bezahlt hatte, zog er ein kleines Testament aus seiner Jackentasche, zeigte es mir und sagte: ‚Es ist nun etwa 15 Jahre her, seit Sie mir dies gegeben und mit mir über meine Seele gesprochen haben. Ich habe Ihre Worte nie mehr vergessen. Und seither ist kein Tag vergangen, an dem ich nicht in dem Buch gelesen hätte, das Sie mir damals gaben.'

Ich war glücklich, dass in diesem Fall der Same offensichtlich auf guten Boden gefallen war."

Susannah Spurgeon berichtet über ihre ersten Ehejahre:

Anfechtungen in Familie und im Predigtdienst

„Unser Haushalt begann sehr bescheiden, und dabei mussten wir noch kräftig sparen, denn mein lieber Mann wollte gerne jungen Männern helfen, das Evangelium zu predigen. So mussten wir aus unserem geringen Einkommen noch ziemlich viel für Unterhalt und Ausbildung eines jungen Mannes abzweigen, der als Erster zum Dienst am Evangelium berufen worden war. Aus so bescheidenen Anfängen entwickelte sich das heutige Predigerseminar. Wie hat sich mein Mann gefreut, als er es gegründet hatte, und wie haben wir gemeinsam geplant und gedarbt, um das zu verwirklichen, was ihm so auf dem Herzen lag.

Einmal ging es uns besonders schlecht. Wir hatten nie Schulden bei Geschäften, trotzdem war eine größere Summe fällig, wohl Gebühren oder Steuern. Aber wir hatten nichts, womit wir sie hätten bezahlen können. Wir waren traurig und beunruhigt. ‚Liebste', sagte mein Mann, ‚was sollen wir machen? Ich kann mir kein Pferd mehr mieten und werde jedes Mal, wenn ich predigen muss, zu Fuß dorthin gehen.'

‚Unmöglich', antwortete ich, ‚du hast so viele Dienste. Das kannst du nicht machen.'

Lange haben wir über Sparmaßnahmen nachgedacht, dann legten wir diese Last vor unseren Herrn und baten ihn um Hilfe. Und natürlich hörte und antwortete er, denn er ist ein treuer Gott. Noch am selben Abend bekamen wir einen Brief mit zwanzig Pfund. Wir haben nie erfahren, wer ihn geschickt hat, aber wir wissen, es war Gottes Antwort auf unser Gebet.

Das war das erste Mal, dass wir gemeinsam die Erfahrung machten, dass uns der himmlische Vater in besonderer Not hilft. Unsere Herzen wurden voller Freude. Gott wusste, was wir brauchten, bevor wir ihn baten.

Ich kann mich nicht erinnern, meinen Mann je wieder in Sorge wegen des nötigen Geldes gesehen zu haben, trotz all der großen Dinge, die er für den Herrn unternahm.

Ich denke noch an ein anderes Erlebnis zurück. Es war an einem Sonntagabend, als der Herr es zuließ, die ersten schwarzen Schatten über unser junges Glück fallen zu lassen. Ich lag auf dem Sofa und dachte an meinen lieben Mann, der gerade seine erste Predigt in der Surrey Music Hall hielt. Ich betete, dass der Herr die Tausende, die dort versammelt waren, segnen möchte. Es war einen Monat nach der Geburt unserer Zwillinge, und ich gab mich für sie glücklichen Träumen hin. Da hörte ich einen Wagen vor der Tür halten. Mein Mann konnte es noch nicht sein. Ich überlegte, was für ein unerwarteter Besuch dies wohl wäre. Im nächsten Moment trat ein Diakon ein, und ich begriff im selben Augenblick, dass etwas Ungewöhnliches geschehen war. Ich bat ihn, mir alles schnell zu erzählen, und freundlich und voller Mitgefühl ging er auf meine Bitte ein. Mein Mann war zusammengebrochen. Nach seinem Bericht kniete der Diakon am Sofa nieder und betete, dass wir die Gnade und Kraft bekämen, diese schreckliche Prüfung zu ertragen. Aber wie dankbar war ich, als er ging.

Ich wollte allein sein und in dieser Stunde der Dunkelheit zu Gott flehen.

Als mein Mann nach Hause gebracht wurde, war er nur noch ein Schatten seiner selbst – so hatte die Angst der Seele ihn in einer Stunde verändert. Es folgte eine Nacht des Weinens und Klagens und unbeschreiblicher Not. Nichts konnte ihn trösten. Ich dachte, es würde nie mehr einen neuen Morgen geben. In seiner Gnade hat Gott die meisten Einzelheiten in der Zeit des Schmerzes, die jetzt begann, aus meiner Erinnerung gelöscht. Wir gingen wirklich durch das Tal der Todesschatten.

Und dann gefiel es Gott, das seelische Gleichgewicht meines Mannes wieder herzustellen und die Fesseln zu lösen, die sein Innerstes in der Dunkelheit hielten. Man hatte uns nach Croydon gebracht in der Hoffnung, dass Luftveränderung und Ruhe ihm gut tun würden. Wie schon oft gingen wir nebeneinander her – er ruhelos und gequält, ich voller Sorgen, wohin das alles führen sollte, als er an der Treppe zum Haus plötzlich innehielt, sich zu mir wandte, es in seinen Augen aufleuchtete und er sagte: ‚Liebste, wie dumm ich doch war! Was macht es denn, was mir geschieht, wenn nur der Herr erhöht wird.‘

Und dann sprach er mit Kraft und Nachdruck die Worte aus Philipper 2,11: ‚Darum hat ihn auch Gott erhöht und hat ihm den Namen gegeben, der über alle Namen ist, dass in dem Namen Jesu sich beugen sollen aller derer Knie, die im Himmel und auf Erden und unter der Erde sind, und alle Zungen bekennen sollen, dass Jesus Christus der Herr ist zur Ehre Gottes, des Vaters. Wenn Christus erhöht wird, dann mag er mit mir tun, was er will; mein Gebet soll nur das eine sein: dass ich mir selbst sterbe und ganz für ihn und seine Ehre lebe. O Liebste, jetzt ist mir alles klar! Preise mit mir den Herrn!'

In diesem Augenblick zerbrachen seine Fesseln, der Gefangene war frei und freute sich am hellen Licht, das Gott ihm leuchten ließ. Die Sonne der Gerechtigkeit schien ihm wieder, und sie hatte in ihren Strahlen Heilung für meinen lieben Mann.

Aber die Narben dieses Kampfes blieben bis zu seinem Todestag, und die körperlichen Kräfte, die er vor dieser schlimmen Prüfung hatte, gewann er nie wieder ganz zurück. Der Herr hatte ihn wirklich einen dornigen Weg geführt. Menschliche Liebe hätte alles getan, ihn vor solch einem Leiden zu bewahren, aber Gott wusste, wozu diese schwere Wegführung gut war, und er macht keine Fehler."

Dem Ehepaar wurden zwei Kinder geschenkt, es waren Zwillinge. Die Spurgeons wären glücklich zu nennen gewesen, wenn es nicht immer wieder die schrecklichen, persönlichen Angriffe gegeben hätte.

Einmal wollte Spurgeon in der großen Music Hall, die 10 000 Menschen fasste, predigen. Es hätte eigentlich ein wunderbarer, gesegneter Gottesdienst werden können, denn für diese Veranstaltung war sehr viel gebetet worden. Spurgeon war voller Hoffnung, aber er fühlte dennoch die große Verantwortung, die auf ihn zukommen würde. Er hatte auch eine geheimnisvolle Vorahnung, dass eine große Prüfung über ihn kommen würde. Als er sich an dem Abend auf den Weg machte, konnte er nur mit Mühe zur Music Hall gelangen. Vom Eingang des Zoologischen Gartens bis zur Music Hall war die Straße mit Menschen, die keinen Einlass mehr fanden, dicht gedrängt gefüllt. Was Spurgeon danach erlebte, nannte er später „die schlimmste Prüfung meines Lebens". Als die Halle restlos gefüllt war und Spurgeon sie betreten hatte, kehrte Ruhe ein. Die Stimmung war wie bei jeder anderen gottesdienstlichen Versammlung. Spurgeon begann den Gottesdienst zehn Minuten vor der Zeit. Bei ihm saßen eine Reihe einflussreicher Männer, die den Psalmengesang leiteten. Nach wenigen einführenden Worten sprach er ein kurzes Gebet und ließ dann ein Lied singen. Der inbrünstige Gesang ließ für die Menschen eine feierliche Stimmung entstehen. Schon allein das Lied wurde eine wichtige Verkündigung des Evangeliums. Danach folgte die Schriftlesung, die der Prediger, wie es üblich war, immer wieder durch kurze Erklärungen unterbrach. Die Schriftstelle war passend gewählt, und die kurzen Erklärungen wurden so auf den Punkt gebracht, dass sie selbst Menschen, die gleichgültig und ablehnend waren, beeindrucken konnten. Schon hierdurch sollten die Hörer spüren, dass es dem Redner um die wichtigste Sache der Welt ging.

Dann folgte das Hauptgebet. Auch hier herrschte die gleiche aufnahmebereite Atmosphäre. Aber diesen Augenblick, in dem weder gesungen noch gepredigt wurde, sondern die Menschen in der Stille vor Gott verharrten, hatten die Feinde des Evangeliums für ihren bösen Anschlag ausgewählt. Das Ganze war ein wohl durchdachter, teuflischer Plan. Es wurden plötzlich ein oder zwei Schreie „Feuer! Feuer!“ laut, die aus einer bestimmten Ecke in der Nähe des Haupteingangs ertönten. Spurgeon selber hatte sie kaum gehört. Der Plan aber muss so raffiniert eingefädelt gewesen sein, dass einige der Aufrührer von selbst eine Panik auslösten. Spurgeon hatte sofort das Empfinden, dass es ein falscher Alarm war, denn es gab keine Anzeichen von Feuer. Es zeigten sich auch keine Risse im Gebäude. Er bemühte sich, so gut er konnte, den Tumult zu beenden und die Versammlung zu beruhigen. Seine vorbereitete Predigt konnte er jedoch nicht weiter halten, sondern musste neue Worte finden, in denen er auf die Situation einging und die Menschen wieder zum Zuhören brachte.

Nach erneuter Unruhe wurde noch einmal ein Lied gesungen und Spurgeon versuchte, seinen Vortrag fortzusetzen. Doch der dann ausbrechende Tumult machte ihm einen Strich durch die Rechnung. Er konnte einfach nicht weiterpredigen. Er sagte nur: „In mir herrscht ein großer Aufruhr, ich weiß kaum noch, wo ich bin, so groß ist meine Sorge, dass viele Menschen beim Hinausstürzen verletzt würden. Mir wäre es lieb, wenn ihr jetzt alle ruhig das Gebäude verließet. Möge Gott euch mit seinem Segen entlassen und euch sicher nach Hause begleiten. Während unsere Freunde das Gebäude durch die Mitteltür verlassen, wollen wir ein Lied singen und beten, dass aus diesem schrecklichen Geschehen doch wenigstens etwas Gutes erwachsen möge. Aber geht bitte langsam! Die, die dem Ausgang am nächsten sitzen, sollen zuerst gehen."

Er ließ noch ein Lied singen, sprach den Segen und wurde aber dann von der Erregung so überwältigt, dass man ihn von der Tribüne führen musste. Dabei merkte er erst, was eigentlich geschehen war. Zwischen dem Schreien und Weinen der Menschen wurde er mehr tot als lebendig auf die Straße getragen. Sieben Menschen waren bei dem Chaos ums Leben gekommen. Sie lagen tot im Gras. Er selbst hatte die Leichen nicht gesehen, aber das Durcheinander reichte schon aus, um ihn fast um den Verstand zu bringen. Er schreibt selber dazu: „Es sah so aus, als ob mein Dienst, der so einflussreich zu werden schien, mit einem Schlag für immer zu Ende gekommen sei. Manche posaunten dies auch triumphierend hinaus. Doch sie waren sich ihrer Worte nicht bewusst. Ich wurde früh am nächsten Morgen in das Haus eines Freundes gebracht, und als man mir aus dem Wagen half, sah mich ein Arbeiter: ‚Das muss sein Geist sein', rief er, ‚denn gestern Abend sah ich, wie sie ihn tot aus der Music Hall heraustrugen.' Gott sei es gedankt, ich war nicht tot. Aber wer mich so gesehen hatte, mag wohl geglaubt haben, der schreckliche Schock habe mich umgebracht.

Natürlich gab es eine gerichtliche Untersuchung. Das Urteil lautete: Unfall, nicht beabsichtigt. Zu einem anderen Ergebnis konnte man wohl kaum gelangen. Für die Opfer wurde ein Hilfsfonds errichtet, und unsere Leute taten, was sie konnten, um den Verletzten zu helfen. Unsere Freunde waren niedergeschlagen, verloren aber weder den Glauben noch die Liebe und wandten sich auch nicht von ihrem jungen Pastor ab. Ich war zu keiner geistigen Leistung fähig. Wie schrecklich war mir, dass einige meiner Hörer getötet oder verletzt worden waren. Wenn nur jemand ein

Wort über das Unglück sagte oder wenn ich auch nur eine Bibel sah, flossen mir die Tränen."

Von den wütenden Angriffen der Presse erfuhr Spurgeon nicht sofort, sondern erst nachdem er sich genügend erholt hatte. Eine Zeitung schrieb:

„Spurgeon ist ein Prediger, der seinen Hörern Verdammungsurteile ins Gesicht schleudert. Andere, die der Heiligen Schrift folgen, versuchen, irrende Seelen durch liebevolle Worte und auf freundliche Weise auf den rechten Weg zu locken. Spurgeon packt sie bei der Nase und zwingt sie zur Religion. Lasst uns gegen die Übergriffe und Gotteslästerung von Männern wie Spurgeon eine Schranke aufrichten. Wir sagen: Bis hierher und nicht weiter."

Das Tabernakel

Trotz dieser massiven Angriffe wuchs die Gemeinde in New Park Street ständig. Nach eingehender Planung und gründlicher Vorbereitung wurde dann am 16. August 1859 im Beisein von 300 Menschen der Grundstein für ein neues Gebäude gelegt, das der Verkündigung dienen sollte. Zuerst sang die Gemeinde den 100. Psalm, und dann betete Spurgeon. Anschließend wurde von den Diakonen der Bericht über die Geschichte der Gemeinde vorgelesen. Dann rief Spurgeon aus:

„In die Flasche, die wir unter dem Grundstein einmauern, haben wir kein Geld getan; denn wir haben keins übrig. Wir haben auch keine Zeitung hineingelegt. Denn wenn wir auch die Pressefreiheit unseres Landes bewundern und lieben, so geht es doch in diesem Gebäude um andere Dinge. Was wir einmauern, ist nur dies: Die Bibel, das Wort Gottes, denn das ist die Grundlage dieser Gemeinde. Auf diesen Felsen baut Christus sein Reich auf. Es beruht auf der göttlichen Wahrheit. Einen anderen Maßstab haben wir nicht. Zusammen mit der Bibel legen wir in den Grundstein das baptistische Glaubensbekenntnis, unterschrieben von einem meiner Vorgänger. Außerdem legen wir den heute verlesenen Bericht der Diakone hinein, gedruckt auf Pergament, und ein Exemplar von Dr. Rippons Gesangbuch, das noch kurz vor seinem Tode veröffentlicht wurde. Der letzte Gegenstand ist ein Programm des heutigen Tages.“

Im Blick auf das Ziel der Arbeit, die in diesem Tabernakel getan werden soll, sagte Spurgeon unter anderem:

„Wir werden dieses Gotteshaus bauen, und ich gehe davon aus, dass es vor seiner Eröffnung bezahlt sein wird. Dass es so teuer ist, liegt zum Teil daran, dass es im Erdgeschoss viele Sonntagsschulräume und einen Gemeindesaal für 800 bis 900 Personen enthält. Das ist nötig, weil unsere Gemeinde so groß ist und ihre Glieder, wann immer möglich, zu den Versammlungen kommen. [...] Wir wollen uns in diesem Tabernakel kein warmes Nest bauen und uns dann zur Ruhe setzen. Wir wollen eine missionarische Gemeinde sein und nicht ruhen, bis nicht nur unsere Nachbarschaft, sondern unser ganzes Land, von dem man sagt, dass einige Gegenden geistlich tot seien, vom Evangelium erleuchtet ist.“

Nach der großen Katastrophe in der Music Hall hatten dort bis zum Bau des Tabernakels nur noch vormittags Gottesdienste stattgefunden. Man hatte dadurch weitere Angriffe verhindern wollen, denn bei Tageslicht konnten solche Anschläge nicht so leicht durchgeführt werden.

Der letzte Morgengottesdienst fand am 11. Dezember 1859 statt. Spurgeon predigte über die Abschiedsrede des Paulus an die Ältesten in Ephesus. Dort heißt es: „Darum bezeuge ich euch an diesem heutigen Tage, dass ich rein bin von allem Blut, denn ich habe euch nichts vorenthalten, dass ich nicht den ganzen Ratschluss Gottes verkündigt hätte.“ (Apostelgeschichte 20,26-27)

Das hatte sich in der bisherigen Wirksamkeit in vielfacher Weise gezeigt. Der große Zulauf, den Spurgeon hatte, ist wohl auch durch seine anschauliche, bildhafte Predigtweise zu erklären. Außerdem liebte er die Menschen und fühlte sich mit ihnen aufs Engste verbunden. Es brannte ihm auf der Seele, die rettende Tat Jesu Christi zu verkündigen. Jede Predigt enthielt eine Aufforderung, vom heillosen Weg umzukehren und Gott in die Arme zu laufen.

Spurgeon war davon überzeugt, dass die Qualität einer Predigt nicht davon abhing, ob sie gefällt oder durch ihre Gelehrsamkeit glänzt, sondern davon, ob sie die Christen im Glauben stärkt und die Nichtchristen zur Umkehr ruft. Besonders die Botschaft vom Leiden Christi wurde für viele ein Segen. Der leidende Christus öffnete das Herz der Hörer, und seine Hingabe am Kreuz machte ihnen ihre Sünde bewusst.

Es hatte auch viele auffällige Bekehrungen in der Music Hall gegeben. Eine war so außergewöhnlich, dass Spurgeon sie oft als Beleg dafür anführte, wie Gott seine Diener führt, etwas zu sagen, woran sie noch nicht gedacht haben, um einen bestimmten Hörer zu erreichen. Hierzu schreibt er:

„Als ich einmal in der Music Hall predigte, wies ich auf einen Mann mitten in der Menge und sagte: ‚Da sitzt ein Mann, der ist Schuhmacher. Er öffnet seinen Laden am Sonntag. Auch letzten Sonntag war es so. Er nahm neun Pence ein, vier Pence waren davon sein Verdienst. Für vier Pence hat er also seine Seele dem Teufel verkauft.‘ Später traf ein Stadtmissionar einen Mann, als er eine meiner Predigten las. Er fragte ihn, ob er Spurgeon kenne. ‚Ja‘, antwortete der Mann, ‚allerdings. Ich habe ihn predigen hören, und durch Gottes Gnade wurde ich unter seiner Verkündigung ein neuer Mensch. Wie das kam? Ich ging in die Music Hall und setzte mich mitten unter die Zuhörer. Spurgeon schaute mich an, als würde er mich kennen. In seiner Predigt wies er auf mich und sagte der Gemeinde, ich sei ein Schuhmacher, der seinen Laden am Sonntag öffne. Und das war auch so. Das hätte mir noch nichts ausgemacht. Aber er sagte auch, dass ich am Sonntag davor 9 Pence eingenommen und 4 Pence verdient hätte. Genauso war es gewesen. Ich konnte mir nur nicht vorstellen, woher Spurgeon das wusste. Da überfiel mich der Gedanke, dass Gott durch ihn zu mir gesprochen habe, und am nächsten Sonntag hielt ich meinen Laden geschlossen. Zuerst hatte ich Angst, ihn wieder zu hören. Ich fürchtete, er könnte den Leuten noch mehr über mich erzählen. Dann ging ich aber doch, begegnete dem Herrn und er errettete mich.‘“

Manche Leute, die zur New Park Street Gemeinde kamen, erlebten zwar ihre Hinwendung zu Christus durch die Gottesdienste in der Music Hall, aber sie sagten, dies sei nicht allein durch die Predigten geschehen. Vom Lande waren sie nach London gekommen. Dort hatte sie ein Mann von der Gemeinde am Ausgang freundlich begrüßt, sich mit ihnen unterhalten und sie dann gefragt, ob sie nicht auch am Abend den Gottesdienst besuchen wollten. Dann hatte er sie zum Tee eingeladen, sich mit ihnen über den Glauben unterhalten und sie abends mitgenommen. Am darauf folgenden Sonntag hätte er das Gleiche getan. So kam es, dass Menschen, die von den Predigten wenig beeindruckt waren, durch die Worte des guten, alten Mannes und durch das gnädige Wirken Gottes zum Glauben kamen.

Zu erwähnen ist auch noch, dass Spurgeon nicht nur böswillige Kritiker hatte, sondern auch Leute, die es mit ihrer Kritik gut meinten. So schickte ihm ein unbekannter Mann jede Woche eine Liste mit seinen Fehlern. Er blieb jedoch leider anonym. Spurgeon schreibt dazu:

„Das ist der einzige Vorwurf, den ich ihm mache, denn den Dienst, den er mir getan hat, kann ich ihm nie vergelten. Mit großem Einfühlungsvermögen und geleitet von dem Wunsch, mir nützlich zu sein, führte er alles an, was ich Falsches gesagt hatte. In einigen Punkten irrte er sich, aber meistens hatte er Recht. Seine Anmerkungen machten es mir möglich, viele Fehler zu erkennen und vermeiden zu lernen. Jede Woche war ich auf seine Anmerkungen gespannt. Sie haben mir geholfen, besser zu predigen."

Natürlich hat sich Spurgeon selbst gefragt, ob er denn der richtige Prediger für solch eine große Gemeinde wäre. Er selbst hatte ja nie ein College besucht und kam auch völlig unvorbereitet in dieses Amt. Doch er tröstete sich mit dem Wort des Apostels Paulus: „Was töricht ist vor der Welt, das hat Gott erwählt, damit er die Weisen zuschanden mache; und was schwach ist vor der Welt, das hat Gott erwählt, damit er zuschanden mache, was stark ist: und das Geringe und Verachtete hat Gott erwählt, das was nichts ist, damit er zunichte mache, was etwas ist, damit sich kein Mensch vor Gott rühme." (1. Korinther 1,27-29)

Es war Gottes Werk, das er tat, und Gott erwählte das unmöglichste Werkzeug, das er finden konnte, damit ihm allein die Ehre zukäme. Spurgeon schreibt:

„Und Gott soll die Ehre auch haben. Ich will nichts für mich und es keiner Erziehung zuschreiben, die ich nicht erhalten habe, oder Kenntnissen, die ich nicht besitze, oder einer Beredsamkeit, um die ich mich nie bemüht habe. Ich verkündige Gottes Wort, und Gott – das weiß ich – spricht durch mich und wirkt durch mich. Ihm allein sei der Ruhm."

In diesem Sinne entfaltete Spurgeon seine größte Wirksamkeit in den Gottesdiensten im Tabernakel.

Am 18. März 1861 wurde diese große Halle mit einer Gebetsversammlung eröffnet. Morgens um 7 Uhr versammelten sich 1000 Menschen. Zu den Teilnehmern gehörten viele Diakone und Älteste der Gemeinde sowie die Studenten des Seminars. Ihre Gebete waren von heiligem Eifer und tiefem Ernst gekennzeichnet.

Bei der ersten Gemeindeversammlung am 6. Mai wurden 72 neue Glieder in die Gemeinde aufgenommen. Spurgeon schrieb dazu in das Kirchenbuch:

„Ich, Charles Haddon Spurgeon, der Letzte aller Heiligen, setze hierunter mein Siegel, dass Gott wahrhaftig ist; denn er hat heute meine Hoffnung erfüllt. Unser Glaube wurde bestätigt. O Herr, sei du gepriesen an aller Welt Enden und hilf mir, treuer und stärker zu sein." Danach folgte eine handschriftliche Eintragung einer großen Zahl von Unterschriften. Als Erste unterschrieb Susie Spurgeon. Dann heißt es dort weiter:

„Wir, die unterzeichnenden Mitglieder der Gemeinde, die bisher zur New Park Street Kapelle gehörten und sich nun im Metropolitan Tabernakel versammeln, möchten mit überströmendem Herzen die Freundlichkeit unseres treuen Gottes bezeugen. Wir baten im Glauben, aber unser Gott hat unsere Wünsche übertroffen, indem er uns nicht nur die ganze Summe gab, sondern dies auch noch früher, als wir erwartet hatten. Wirklich, der Herr ist gut, und er ist es wert, dass man ihn preist. Wir schämen uns, dass wir je an ihm gezweifelt haben; und wir bitten als Gemeinde und als Einzelne, dass der Herr uns helfe, ihm allezeit zuversichtlich zu vertrauen, sodass unsere Seelen im Frieden ruhen können. [...] Dem Vater, Sohn und Heiligen Geist sei Lob und Dank! Gott ist treu, das bezeugen wir."

In den Jahren 1861 bis 1874 wurden viele denkwürdige Gottesdienste im Tabernakel abgehalten. Reich ist die Fülle der Erfahrungen, die Spurgeon dort mit Gott machen konnte. Manchmal ereigneten sich auch seltsame Dinge. So war ein Mann durch Spurgeons Predigten zum Glauben gekommen und besuchte regelmäßig den Gottesdienst. Seine Frau war sehr dagegen, aber er ließ sich nicht abhalten. An einem Sonntagabend, als der Mann wieder zum Gottesdienst gegangen war, wurde die Frau von einer großen Neugier ergriffen. Diese war so groß, dass sie alle Vorurteile überwand und beschloss, den Prediger doch einmal zu hören. Da sie nicht erkannt werden wollte, kleidete sie sich mit einem dichten Schleier und einem dicken Schal. Dazu setzte sie sich noch auf die oberste Empore. Sie kam sehr spät, und als sie eintrat, sagte der Prediger gerade einen Text an. Die ersten Worte, die sie hörte, trafen genau auf ihre Person zu, zumal der Prediger noch auf sie zeigte. Der entscheidende Satz hieß: „Komm herein, du Weib Jerobeams! Warum stellst du dich so fremd? Ich bin zu dir gesandt als ein harter Bote." (1. Könige 14, 6)

Es berührte sie aber noch stärker, als Spurgeon während der Predigt sagte:

„Wenn ich jetzt so über den gelegentlichen Hörer spreche, geht es mir nicht aus dem Sinn, dass ich jemandes Porträt gezeichnet haben könnte. Ich denke, es sind einige unter uns, deren Charakter und Verhalten ich so genau beschrieben habe, dass sie wissen: Sie sind gemeint. Und wenn du es bist, den ich beschrieben habe, dann schau dich nicht unter deinen Nachbarn um und sage: Das passt auf jemand anderen. Wenn die Beschreibung auf dich passt, dann nimm sie an, und Gott möge sie in die Mitte deines Gewissens stellen, sodass du sie nicht mehr loswerden kannst! Ich glaube nicht, dass sich heute Abend jemand verkleidet hat, obwohl auch das vorkommen kann. Der Arbeiter, der Angst hat, ausgelacht zu werden, kommt vielleicht verkleidet hierher. Und vielleicht auch der Pfarrer, dessen Gewissen unruhig wäre, wenn er hier gesehen werden würde. Ganz gleich, wer du auch bist, ob verkleidet oder nicht, all das nützt nichts, wo Gottes Evangelium gepredigt wird. Er erkennt dich und findet das Denken und Trachten des Herzens heraus. Er wird dich finden, wie sehr du dich auch verkleidest. Er wird dir zeigen, wer du wirklich bist."

Spurgeons Predigten im Freien

Neben den vielen Verkündigungsdiensten im Tabernakel sprach Spurgeon auch gerne im Freien. Dazu suchte er sich geeignete Orte aus. Einmal war es eine lichte, gerodete Stelle im Wald, mal eine ansteigende Wiese oder auch Felsenklippen, von wo aus er zu den Menschen gut sprechen konnte.

Er selbst begründete diese damals noch ungewohnte Predigtweise mit der Tatsache, dass das Predigen im Freien so alt ist wie das Predigen selbst. Er berief sich darauf, dass Henoch, von dem wir schon in den ersten Kapiteln der Bibel etwas hören, keine andere Kanzel verlangte als den Hang eines Hügels. Auch Noah, den die Bibel den Prediger der Gerechtigkeit nennt, hat sicher mit seinen Zeitgenossen an dem Arbeitsplatz, an dem er die Arche baute, über Gott geredet. Elia stand auf dem Berg Karmel unter freiem Himmel, als er das Volk aufrief, sich für Gott und gegen den Götzen Baal zu entscheiden. Jona hat sicher in den Straßen und auf den Plätzen der Stadt Ninive die Menschen vor dem drohenden Untergang gewarnt und sie zur Umkehr zu Gott aufgerufen. Johannes der Täufer, der ja noch bedeutender war als die Propheten des Alten Testamentes und dem Messias den Weg bereitete, stand in der Wüste und am Jordanufer, als die Menschenmassen zu ihm hinströmten, um seine Botschaft zu hören.

Von Jesus selbst, der ja noch mehr ist als nur ein Vorbild, sagt Spurgeon:

„Er hielt die meisten Predigten auf dem Hang eines Berges, am Seeufer oder auf der Straße. Er war wirklich ein Freiluftprediger. Auch in der Synagoge schwieg er nicht, aber beim Predigen auf einem Acker fühlte er sich genauso wohl. Es ist uns von ihm keine Predigt in der königlichen Kapelle überliefert worden, wohl aber die Bergpredigt und die Feldpredigt. Die früheste und göttlichste Art des Predigens, geübt von Jesus, der ‚sprach, wie nie ein Mensch sprach', war die Verkündigung im Freien. Nach seinem Tode versammelten sich seine Jünger in geschlossenen Räumen, besonders im Obergemach. Aber viel häufiger predigten auch sie im Vorhof des Tempels oder wo sie sonst einen geeigneten Platz im Freien fanden."

Hier muss man auch noch den Apostel Paulus erwähnen. Auch er sprach oft in Synagogen, hat aber viele seiner entscheidenden evangelistischen Ansprachen im Freien gehalten. Er sprach zu den Frauen, die sich um Lydia am Fluss versammelten, er redete auf dem Areopag in Athen, wo sonst die philosophischen Wanderprediger der damaligen Zeit auftraten. Er tröstete die Schiffbrüchigen auf der Insel Malta, als sie um ein wärmendes Feuer herumsaßen.

Spurgeon predigte einmal sogar während der Heuernte im Freien bei einem heftigen Gewitter. Er hatte den Text gewählt: „Er wird zu uns kommen wie ein Regen, wie ein Spätregen, der das Land befeuchtet." Er selbst wurde nass bis auf die Haut, und seinen Hörern ging es genauso. Aber sie hielten durch, und man hat nicht gehört, dass irgendjemand gesundheitlichen Schaden davongetragen hätte. Es fanden sogar im Gewittersturm Menschen den Weg zu Jesus.

Als er einmal in der Stadt Bristol im Freien predigte, wurde er lebhaft an den bedeutenden Erweckungsprediger George Whitefield erinnert. Dieser hatte nämlich etwa hundert Jahre zuvor in dieser Stadt das Evangelium verkündigt. Es war damals die Zeit der großen angelsächsischen Erweckungsbewegung, in der Whitefield am 17. Februar 1739 seine erste Ansprache im Freien hielt. Seine Zuhörer waren 200 Arbeiter aus dem Kohlenbergwerk. Man nennt dieses Ereignis der neueren Kirchengeschichte „die Geburtsstunde der Evangelisation".

Ein Kirchengeschichtsschreiber behauptet sogar, dass damit „die mächtigste kirchengeschichtliche Entwicklung nach Luther" angebrochen sei. Was damals in den englischsprachigen Gebieten von Europa und Amerika aufbrach, war nach der Zeit der Apostel ohne jedes Vorbild. Freies Feld, Friedhöfe, Felder, Straßenkreuzungen, Marktplätze, später sogar Ausstellungsräume, Stadthallen, Theater, Arenen und Gaststätten wurden zu Orten der Verkündigung des Evangeliums.

Über das Erleben in Bristol schreibt Spurgeon:

„Auch meine Hörer waren Seeleute und Bergleute, Männer mit schwarzen Gesichtern. Als ich begann, über das Erlösungswerk Christi zu sprechen, sah ich, wie ihnen die Tränen die Wangen hinunterliefen. Sie hoben ihre Hände hoch, als wollten sie etwas aus dem Gesicht wischen, aber in Wirklichkeit wollten sie ihre Tränen verbergen. Es berührte mich zu sehen, wie die rauen Männer unter dem Evangelium zusammenbrachen, und ich stimmte voll mit dem überein, was Whitefield über ähnliche Gottesdienste schrieb: ‚Der hohe Himmel über mir, die weiten Äcker vor mir und Tausende und Abertausende von Menschen, einige in Kutschen, einige auf Pferden, andere auf den Bäumen und auch so oft alle in Tränen aufgelöst – und dazu manchmal noch die Feierlichkeit des hereinbrechenden Abends – das war fast mehr, als ich ertragen konnte. Und manchmal überwältigte es mich geradezu.'"

Ein begeisterter Mitarbeiter Spurgeons stellte eine Liste der Freiversammlungen auf, bei denen Spurgeon in Wales gesprochen hatte. Viele müssen sehr eindrucksvoll gewesen sein. Es waren so viele Menschen zusammengekommen, dass man ihre Zahl nicht genau berechnen konnte. Bei einer Zusammenkunft schätzte Spurgeon die Zahl der Menschen auf 28 000. Bei einer anderen Gelegenheit sollen es bedeutend mehr gewesen sein.

Der Herausgeber der Zeitschrift „Gospel Magazine" berichtet über Spurgeons Verkündigung am 12. Juli 1859:

„Wir waren in einem lieblichen Tal versammelt. Es war von bewaldeten Hügeln umgeben, und an diesem Abend war alles völlig still. Die Sonne, die den ganzen Tag hell geschienen hatte, ging im Westen unter. Die gewaltige Menschenmenge, die gebannt dem jungen Prediger zuhörte, war unvergesslich eindrucksvoll. Obwohl Spurgeon während des Tages mit viel Energie gesprochen hatte, gebrauchte er seine edle Stimme so, dass jeder ihn klar verstanden haben muss. Ich hatte nicht bemerkt, dass es an dem Ort ein deutliches Echo gab. Der Prediger aber hatte es offensichtlich bemerkt, und er benutzte es sehr wirkungsvoll. Als er zum Ende seines letzten Aufrufs kam, rief er sehr überlegt und eindrucksvoll: ‚Ja, selbst die Natur bestätigt und wiederholt diese freundliche Einladung, denn auch sie sagt wieder und wieder (hier hob er seine Stimme zu höchster Höhe und rief mit wunderbarer Stimmgewalt) Komm – Komm – Komm!' Und sofort hallte das Echo von den Hügeln zurück über die atemlos stille Versammlung, wieder und wieder, bis es langsam verklang: Komm – Komm – Komm! Die Hörer waren wie elektrisiert, und wohl keiner wird je diesen Moment vergessen."

Ein anderer Teilnehmer hörte Spurgeon 1862 zum ersten Mal predigen. Er war noch jung und hatte erst kürzlich zum Glauben an Jesus gefunden. Gespannt und voller Erwartung ging er zu dem Gottesdienst, der auf einer wunderschönen Wiese stattfand. Bei dem herrlichen Wetter kamen Menschen aller sozialer Schichten dorthin zusammen. Auf den Feldern ruhte die Arbeit, und viele erschienen noch in ihrer Arbeitskleidung. Fahrzeuge aller Art blockierten die Straßen, und überall sah man Pferde, die an Bäumen angebunden waren. Ein großer Kastenwagen diente Spurgeon als Kanzel. Gespannt warteten die Leute auf den Beginn der Predigt. Ein älterer Mann stand während der ganzen Zeit still da und betete leise. Als Spurgeon dann aufstand, um zu reden, hörte man, wie dieser alte Christ laut und inbrünstig sagte: „Amen! Herr, hilf ihm!"

Spurgeons Worte und seine kurzen und machtvollen Gebete bewegten die Menge und verwandelten die Wiese gleichsam in

Gottes Haus. Spurgeon sah dabei ganz und gar nicht erregt aus. Er war wie immer der Meister der Versammlung. Seine Worte waren einfach und ohne Pathos. Doch was er sagte, nahm die Zuhörer innerlich mit und brachte die Massen in Bewegung. Der erwähnte Teilnehmer merkte rückschauend an:

„Spurgeons Stimme hallte über den Rasen, und die Hügel über dem Tal warfen den Ton mit göttlicher und menschlicher Majestät zurück; denn Gott war gegenwärtig. Es war der Himmel auf Erden, dort zu sein. Jetzt ist alles nur noch Erinnerung. Aber wie lebendig sie ist! Sie gehört zu den kostbaren Schätzen meines Lebens. Was ich erlebte, bewegte mich bis in die Tiefen meiner Seele, und in dem Augenblick gelobte ich, dass ich Jesus Christus predigen würde wie er, falls es mir möglich wäre."

Spurgeons gedruckte Predigten

Großen Einfluss auf die Menschen gewann Spurgeon auch durch seine gedruckten Predigten. Sie gingen um die ganze Welt. So gelangte auch eine Predigt nach Auckland in Neuseeland, wo viele Jahre später ein Sohn Spurgeons ein Tabernakel bauen ließ und dort selbst predigte. Manche Christen ließen die Predigten in der Zeitung abdrucken. So schrieb ein Mann aus einer ganz abgelegenen Gegend:

„Über fünf Jahre war ich ein Obdachloser. Ich war schon einige Monate unterwegs und suchte Arbeit. Eines Tages betrat ich ein Gasthaus an der Straße, um mir etwas zu trinken zu kaufen und mich auszuruhen, weil ich sehr müde war. Auf der Theke lag eine Zeitung, in der Spurgeons Predigt über den Text: ‚Bekehrt euch, ihr abtrünnigen Kinder, spricht der Herr, denn ich will mich wieder zu euch wenden!' stand. Ich las sie, und mit jedem Wort wuchs mein Interesse. Die Predigt traf genau meine Situation. Ich begriff, dass ich absolut verloren war, ein Sünder der schlimmsten Sorte. Zugleich aber ermutigte mich die Predigt so sehr, Gnade und Frieden unter dem Kreuz Christi zu suchen, dass ich einfach nicht widerstehen konnte. Als ich das Gasthaus verließ, war ich fest entschlossen, nie wieder eines zu betreten."

Ein anderer Mann berichtet:

„Ich bin seit sechzehn Jahren in der Kolonie. In dieser Zeit war ich dreimal in einem Gottesdienst, und das mehr aus Zufall. Hier in der Kolonie habe ich mich schrecklich ans Trinken gewöhnt. Manchmal war ich, wie die Leute so sagen, zwei oder drei Wochen auf Sauftour. Im letzten Sommer packte es mich zweimal, das Delirium tremens fing schon an. Unfähig zu sitzen, zu stehen, zu liegen oder zu laufen, griff ich nach der Zeitung. Mein Blick fiel auf Spurgeons Predigt. Ich las, und bald traten mir die Tränen in die Augen. Noch bevor ich die Zeitung zu Ende gelesen hatte, musste ich mir vor Scham die Hände vors Gesicht halten.

Als ich die ganze Predigt gelesen hatte, flehte ich zu Christus, dass er mich von der schrecklichen Bürde meiner Sünde befreie. Zu meinem Erstaunen verging das Delirium tremens wie der schwere Tau an einem Sommermorgen. Wegen der langen Sauftour war ich noch schwach, aber ich war glücklich. Und ich kann sagen, dass ich noch nie in meinem Leben einen solchen Frieden erlebt hatte."

Und noch ein wunderbares Geschehen ereignete sich, das erwähnt werden muss.

Einmal wurde ein Stück der australischen Zeitung auf ganz ungewöhnliche Weise einem Hirten zum Segen. Er hütete einige Meilen von Balarach entfernt die Schafe und hob ein Stück einer Wochenzeitung auf, das der Wind über die Ebene geblasen hatte. Er las zufällig ein paar Zeilen, die ihn interessierten, und stellte fest, dass er eine Predigt Spurgeons las. „Hätte ich gewusst, bevor ich anfing zu lesen, dass dies eine Predigt war, hätte ich das Blatt nicht aufgehoben", sagte er selbst. Aber nun wollte er wissen, wie es weiterging. Was er las, brachte ihn zum Nachdenken. Er verwahrte das Blatt, las es tief betroffen immer wieder und fand zuletzt durch diese Zeitung den Weg zum Glauben. Seit vielen Jahren hatte er kein Gotteshaus mehr besucht. Bis ihm dieses Blatt vor die Füße geweht worden war, hatte er sich nie um seine Seele bekümmert. Jetzt aber ging er, sooft er konnte, in die Kirche. Wegen seiner Arbeit im Busch hatte er jedoch nur selten das Vergnügen; aber er bekam die wöchentlichen Predigten zu lesen, die ihn erfreuten, trösteten und ihm geistliche Nahrung gaben.

Einmal kam Spurgeon sogar selbst in den Genuss seiner Predigten. Darüber berichtet er:

„Ich fühlte mich zu der Zeit sehr müde. Ich war traurig, und mein Herz war schwer. Ich zweifelte daran, ob ich an dem, was ich anderen predigte, auch wirklich selbst Freude hätte.

Es war mir schlimm, ein Diener am Tisch des Evangeliums zu sein, und nicht Gast. Ich fuhr in eine Stadt in ländlicher Gegend und besuchte am Sonntag eine Methodistenkapelle. Der Leiter des Gottesdienstes war Mechaniker. Er las aus der Heiligen Schrift, betete und predigte. Ich musste weinen und ließ meinen Tränen freien Lauf. Jeder Satz der Predigt bewegte mich zutiefst. Ich fühlte, dass meine Probleme sich lösten. Das Evangelium, das spürte ich, war mir sehr lieb und hatte eine wunderbare Wirkung auf mich.

Ich ging hinterher zum Prediger und sagte: ‚Haben Sie vielen Dank für diese Predigt.' Er fragte mich, wer ich sei. Als ich es ihm sagte, wurde er rot im Gesicht und antwortete: ‚Aber haben Sie nicht gemerkt, dass ich heute Morgen eine Predigt von Ihnen gehalten habe?'

‚Ja', sagte ich, ‚ich weiß. Aber das war genau die Botschaft, die ich brauchte; denn ich habe erlebt, dass ich jedes Wort, das ich predige, auch für mich selbst genießen kann.'"

Spurgeons Predigerseminar

Als bedeutendem und begabtem Redner und Verkündiger des Evangeliums wurde es Spurgeon klar, dass er nicht allein die Frohe Botschaft verkündigen sollte. Der Auftrag am Evangelium lag ihm am Herzen, weil er sich von Gott dazu berufen wusste. Aber mit diesem Pfund konnte und wollte er noch mehr wuchern, indem er auch andere für eine vollmächtige Verkündigung ausbildete.

So sagte er im August 1855 am Schluss einer Predigt über den Text: „Denn dass ich das Evangelium predige, dessen darf ich mich nicht rühmen; denn ich muss es tun. Und wehe mir, wenn ich das Evangelium nicht predigte!" (1. Korinther 9,16):

„Nun, meine lieben Zuhörer, ich habe euch noch etwas zu sagen. Es gibt in diesem Raum Menschen, die in den Augen Gottes sehr schuldig sind, weil sie nicht das Evangelium predigen. Ich kann mir nicht vorstellen, dass von den 1500 oder 2000 Menschen, die jetzt meine Stimme hören können, kein Einziger außer mir in der Lage ist, das Evangelium zu predigen. Ich denke nicht, dass ich vielen unter euch an Verstand und Vollmacht, das Wort Gottes zu verkündigen, überlegen bin. Und selbst wenn ich das denken würde, könnte ich doch nicht glauben, dass in einer so großen Versammlung nicht viele sind, die Gaben und Talente haben, die sie dazu qualifizieren, das Wort Gottes zu predigen. [...] Dies ist eine sehr ernste Angelegenheit. Wenn es in dieser Gemeinde irgendein Talent gibt, dann soll es sich entwickeln. Wenn es irgendwelche Prediger in der Versammlung gibt, dann sollen sie predigen [...].

Ich möchte gerne Scharen von Predigern unter euch finden, oh, dass das ganze Volk des Herrn Propheten wären. Es gibt hier einige, die sollten Propheten sein, nur sind sie etwas schüchtern. Gut, dann müssen wir eben einen Weg finden, dass sie ihre Schüchternheit loswerden. Ich kann es nicht ertragen, wenn ich mir vorstelle, dass es einen Diener Jesu Christi gibt, der schläft, während der Teufel alle seine Diener an die Arbeit schickt.

Junger Mann, gehe heim und prüfe dich selbst! Sieh, was du für Fähigkeiten hast! Und wenn du feststellst, dass du begabt bist, dann versuche, einem Dutzend einfacher Leute zu sagen, was sie tun müssen, um gerettet zu werden. Du musst nicht darauf aus sein, völlig und ganz in den Predigtdienst zu treten. Aber wenn es Gott gefällt, dann suche diese hohe Aufgabe. Paulus sagt an einer Stelle: ‚Wenn jemand ein Bischofsamt begehrt, der begehrt ein köstliches Werk.‘ (1. Timotheus 3,1) Auf jeden Fall versuche, das Evangelium Gottes auf irgendeine Art zu verkündigen. Ich habe diese Predigt ganz besonders deshalb gehalten, weil ich mich danach sehne, von diesem Ort aus eine Bewegung ins Leben zu rufen, die andere Menschen erreicht. Ich möchte, wenn es möglich ist, einige in meiner Gemeinde finden, die das Evangelium predigen wollen. Und merke dir: Wenn du Talent und Vollmacht hast, dann wehe dir, wenn du das Evangelium nicht predigst.“

In den ersten Jahren seines Dienstes hatten einige junge Männer, die zum Glauben gekommen waren, als Straßenprediger Christus verkündigt. Sie hatten noch keine Ausbildung genossen und redeten frei zu den Menschen, weil es sie innerlich dazu drängte. Es hatten sich durch sie sogar Menschen bekehrt. Diesen jungen Männern fehlten jedoch die Voraussetzungen und auch die Vorbildung, um zur Ausbildung in einem theologischen College zugelassen zu werden. Diesem Mangel wollte Spurgeon abhelfen. Deshalb startete er bald nach dieser Predigt im Jahr 1856 eine eigene Ausbildungsstätte für Prediger. In diesem Unternehmen half ihm der befreundete Pastor George Rogers aus Camberwell.

Sie begannen mit einem einzigen Schüler. Viele Gläubige spendeten, um die Ausbildung dieses jungen Bruders zu unterstützten. Mit der Zeit wuchs die Arbeit und andere junge Männer kamen hinzu, die auch geeignet schienen und solch eine Ausbildung wünschten. Bald schon besuchten ungefähr 100 junge Männer das Predigerseminar. Die nötigen finanziellen Mittel kamen anfänglich von Spurgeon selbst, doch nach und nach wurden sie immer mehr von der Gemeinde und von Freunden unterstützt.

Spurgeon und Pastor Rogers waren sich bei ihrer Arbeit darüber im Klaren, dass sie es nicht waren, die Menschen zu Predigern machen konnten oder wollten. Vielmehr wollten sie denen Hilfe und Ausbildung zuteil werden lassen, die Gott selbst schon zu Predigern berufen hatte. Hören wir Spurgeon dazu selbst:

„Wir träumten nie davon, aus Menschen Prediger zu machen, sondern wir wollten denen helfen, die Gott schon zu solchen berufen hatte. Also machten wir es zur Voraussetzung, dass ein Mann schon zwei Jahre lang Predigtdienste übernommen hatte und von Gott in seinem Dienst bestätigt worden war, bevor er seine Anmeldung einreichen konnte. Es ging nicht darum, wie talentiert oder vielversprechend der junge Mensch war. Das Seminar konnte nicht auf Hoffnung hin handeln, sondern sollte von der offensichtlichen Bestätigung des göttlichen Rufes ausgehen, soweit das menschliche Urteilsvermögen sie erkennen konnte.

Dies wurde für uns zu einem Hauptpunkt, denn wir wollten nicht Männer haben, die von unseren Lehrern zu guten Schülern gemacht werden würden, sondern Männer, die der Herr zu Predigern bestimmt hatte.

Da wir dies fest im Auge hatten, gingen wir dazu über, jedes Hindernis für die Annahme von geeigneten Männern zu beseitigen. Wir beschlossen, niemals einen Mann wegen absoluter Armut zurückzuweisen, sondern vielmehr mit der nötigen Unterkunft, Verpflegung und Kleidung zu versorgen, sodass er deswegen nicht verhindert war. Auch haben wir die Bildungsvoraussetzungen so niedrig angesetzt, dass sich selbst Brüder, die Analphabeten waren, bei uns eingeschrieben haben und später zu den besten Studenten gehörten. Ein Mann, der wirkliche Fähigkeiten als Redner hat, der eine tiefe Frömmigkeit und einen festen Glauben besitzt, kann auf Grund seiner Geburt und widriger Umstände ohne jede Schulbildung aufgewachsen sein, und doch, wenn man ihm ein wenig hilft, zu einem vollmächtigen Arbeiter für Christus werden. Es wäre ein ernster Verlust für die Gemeinde, wenn man die Ausbildung ablehnen würde, nur weil der Betreffende vorher nie einen Unterricht hatte besuchen können. Unser Seminar begann damit, dass es Männer Gottes zu sich einlud, ob sie nun arm und ungebildet oder reich und gut ausgebildet waren. Wir suchten Leute, denen das Predigen ein Herzensanliegen war, und nicht junge Männer, die ihre Predigten nur herunterlasen oder eigene kluge Gedanken zum Besten gaben. ‚Hast du Seelen für Jesus gewonnen?', war und ist die entscheidende Frage, die wir allen Bewerbern stellten. ‚Wenn ja, dann komm zu uns, und wir wollen deine Gaben fördern.'

Unsere Männer sind nicht auf Universitätsgrade erpicht, auch wenn viele diese erreichen könnten. Sie wollen wirkungsvoll predigen können, die Herzen der Menschen erreichen und denen das Evangelium verkündigen, die es so dringend brauchen – dies ist das Anliegen des Seminars und nichts anderes."

Das Motto des Seminars lautete: „Teneo et teneor." Das bedeutet: „Ich halte fest und werde festgehalten." Spurgeon und seine jungen Männer wollten sich fest an das Kreuz Christi halten und es zugleich unter den Menschen hochhalten, weil sie wussten, dass allein das Kreuz Christi sie festhält und trägt. Jeder Mensch, dem das Evangelium verkündigt wurde und der es annahm, sollte diese Wahrheit festhalten und von ihr festgehalten werden.

Aus der Anfangszeit des Seminars gibt es auch manch interessantes Erlebnis zu berichten. In einem Falle handelte es sich um einen jungen Mann namens Medhurst. Auch er predigte zunächst auf Straßenversammlungen. Einige der älteren Brüder, die damals Mitglieder von Spurgeons Gemeinde waren und sehr auf die gute Form von Predigten achteten, waren schockiert über ihn. Sie kamen zu Spurgeon und beklagten sich über Medhursts schlechte Bildung. Sie baten Spurgeon, er solle ihn nicht weiterpredigen lassen, damit nicht sein ganzes Seminar in Misskredit gerate.

Spurgeon bat den jungen Bruder zu einer Unterredung zu sich. Dieser gab offen zu, dass sein Englisch sehr zu wünschen übrig ließe und er viele Fehler mache. Dann aber sagte er: „Ich muss predigen. Und ich werde predigen, es sei denn, Sie würden mir den Kopf abschneiden." Spurgeon ging wieder zu seinen Freunden, teilte ihnen mit, was der junge Mann gesagt hatte, und fügte hinzu: „Da unser junger Bruder ganz offensichtlich nicht anders kann, als dem Herrn mit all seiner Kraft zu dienen, muss ich tun, was ich kann, um ihm eine Ausbildung zu verschaffen, die ihn dafür zurüstet."

Als Nächstes kam Medhurst selbst zu Spurgeon und hatte ein Problem. Traurig stand er da und sagte: „Ich habe nun drei Monate lang gepredigt und weiß nicht von einem einzigen Menschen, der sich bekehrt hat."

Der schlaue Spurgeon antwortete: „Du erwartest doch nicht etwa, dass der Herr jedes Mal, wenn du den Mund auftust, Menschen zum Glauben führt."

„O nein", meinte Medhurst bescheiden.

Darauf lautete die Antwort Spurgeons: „Dann ist genau dies der Grund, warum du keine Bekehrungen hattest. Denn es heißt in der Schrift: ‚Dir geschehe, wie du geglaubt hast.'"

Als Medhurst später studierte, hielt er oft in einem bestimmten Ort Freiversammlungen ab. Als Spurgeon einmal in diesem Ort predigte, war er sehr amüsiert über das, was er nach dem Gottesdienst zu hören bekam. Zwei Damen, die offensichtlich den jungen Studenten Medhurst sehr gerne hörten und von seiner Botschaft angesprochen worden waren, unterhielten sich über Spurgeons Botschaft.

„Nun", meinte die erste, „wie hat dir Herr Spurgeon heute gefallen?" Darauf antwortete ihre Gefährtin: „Oh, sehr gut; aber er hätte mir noch mehr gefallen, wenn er nicht unseren lieben Medhurst so sehr nachgeahmt hätte."

Spurgeon benutzte dieses Erlebnis später, um seinen Studenten deutlich zu machen, dass es ernste Konsequenzen haben kann, wenn ein Studierender seinen Lehrer Spurgeon zu sehr nachahmt.

Nach Beendigung seiner Ausbildung wurde Medhurst Pastor einer Gemeinde. Spurgeon besuchte ihn und wollte herausfinden, welche Meinung die Leute über ihn hätten. Er ging sehr geschickt vor und sprach mit einer Dame, einem angesehenen Glied der Gemeinde, in recht nüchternem und kühlem Ton über Medhurst. Doch die gute Frau fing bald an, in ganz herzlichen und warmen Tönen von Medhurst zu reden: „Sie dürfen nichts gegen ihn sagen. Wenn Sie das tun, dann geschieht es nur, weil Sie ihn nicht genug kennen."

„Oh", erwiderte Spurgeon, „ich kannte ihn schon lange vor Ihnen. Er ist kein besonders guter Pastor, nicht wahr?"

„Nun", meinte die Frau, „ich muss einfach gut über ihn reden, denn er war ein Segen für meine Familie und meine Hausangestellten."

Als Spurgeon sie dann verließ und hinaus auf die Straße ging, sah er einige Männer und Frauen herumstehen. Er ging auf sie zu und sagte: „Ich muss euch euern Prediger wegnehmen."

„Wenn Sie das tun", riefen sie ärgerlich, „dann werden wir Ihnen über die ganze Welt folgen, um ihn uns zurückzuholen. Sie werden doch nicht so unfreundlich sein, uns einen Mann wegzunehmen, der so viel Gutes für unsere Seelen getan hat."

Spurgeon schmunzelte und versuchte noch einige andere Personen über Medhurst auszufragen. Schließlich sagte er sich: „Wenn der Mann ein solch gutes Zeugnis von den Gemeindegliedern über seinen Dienst erhält, werde ich ihn gerne lassen, wo er ist. Denn es ist eindeutig, dass der Herr ihn in seinen Dienst gerufen hat."

Predigen – aber wie?

Spurgeon war ein hervorragender Verkündiger. Er wird der Fürst unter den Predigern genannt, und diese Ehrenbezeichnung hat er auch verdient. Er wusste, wie gepredigt werden muss, damit die Menschen dem Evangelium gerne zuhören, und er hat seine Erfahrungen an andere weitergegeben. Er hat wichtige Weisungen erteilt, wie recht gepredigt werden soll.

Zunächst ist es wichtig, dass die Zuhörer aufmerksam sind und aufmerksam bleiben. Was nützt es, wenn der Verkündiger um die beste, lebensrettende Wahrheit weiß und sie nicht so weitergeben kann, dass die Zuhörer davon gepackt werden. Die ganze Gemeinde soll mit ihren Gedanken voll bei der Predigt sein, damit sie ihre Sinne nicht in alle Welt abschweifen lässt. Wenn die Aufmerksamkeit fehlt, ist der ganze Einsatz des Verkündigers wie ein Schlag ins Wasser. Pfarrer, die nur ihre Zeit in der Kirche absitzen und keine Erwartungen an ihre Gemeinde haben, sind nutzlose Arbeiter. Spurgeon sagt von ihnen:

„Je eher solche Pfarrer auf dem Friedhof schlafen und durch die Sprüche auf ihren Grabsteinen predigen, umso besser." Das ist ein hartes Wort, aber es trifft den Nagel auf den Kopf.

Spurgeon fährt dann fort: „Manche Brüder sprechen gegen die oberen Fenster, als ob sie den Engeln predigen. Andere reden ins Buch hinein, als ob sie in Gedanken vertieft wären und sich selbst gern als Zuhörer hätten. Warum predigen solche Menschen nicht auf einer einsamen Steppe zur Erbauung der Sterne? Wenn eine Predigt nur ein Selbstgespräch ist, so ist für den Redner nur die größte Einsamkeit das Wünschenswerte. Einem vernünftigen Prediger muss es wichtig sein, die Aufmerksamkeit aller seiner Zuhörer, vom ältesten bis zum jüngsten, zu gewinnen [...] Könnt ihr nicht den Kleinen zuliebe eine Geschichte oder ein Gleichnis erzählen? Könnt ihr nicht den kleinen Jungen auf der Empore und das kleine Mädchen unten, die anfangen unruhig zu werden, anlachen und sie dadurch beruhigen? Ich spreche oft durch meine Augen mit den Waisenknaben, die unter der Kanzel sitzen. Alle Augen müssen auf uns gerichtet, alle Ohren uns geöffnet sein. Mich stört es sogar, wenn ein Blinder sein Angesicht nicht nach mir wendet."

Ein Prediger muss die Fische ködern. Wenn sie nicht an der Angelrute anbeißen, muss man den Fischer tadeln und nicht die Fische. Einer alten Frau riet der Pfarrer einmal, sie solle Schnupftabak benutzen, um beim Zuhören wacher zu sein. Diese aber gab ihm die passende Antwort: „Wenn Sie, Herr Pastor, mehr Schnupftabak in der Predigt hätten, könnte ich ganz gut wach bleiben." Damit wollte sie ihm sagen, dass die Predigt spannend und anregend sein soll.

Nicht jedem Menschen fällt es leicht, andächtig einer Predigt zu folgen. Sie haben an Gott noch gar kein Interesse und sind innerlich noch nicht vom Geist Gottes berührt. Deshalb scheint ihnen das Evangelium nicht so wichtig zu sein. Einige sind auch von der Last ihrer Arbeit, die sie eine ganze Woche lang vollbringen müssen, niedergedrückt und müde. Es gibt auch Gottesdienstbesucher, die sich mit Sorgen um ihre Kinder und Ehegatten abquälen. Kummer und Sorgen lassen sich nicht so leicht vergessen. Eine Mutter, die zu Hause ein krankes Kind im Bett liegen hat, wird mit ihren Gedanken bei ihrem Kleinen sein. Sie kann die

Schmerzen ihres Kindes nicht einfach vergessen. Es kommen sicher auch viele ins Gotteshaus, die um ihren Arbeitsplatz bangen oder sich fragen, ob sie in ihrem Beruf auch erfolgreich sein werden. Ein Bauer denkt an seinen Hof, an sein Vieh und an seine Felder. Muss die Scheune erweitert werden? Wird die Kuh ein gesundes Kalb zur Welt bringen? Wie viel Getreide wird die diesjährige Ernte einbringen? Hat vielleicht der regnerische Sommer dem Weizen zu sehr geschadet?

Ein Kaufmann überlegt, wie er säumige Kunden, die so zahlreich wie Ratten in einem Weizenhaufen sind, zum Bezahlen ihrer Schulden überreden kann.

Ein Schreiner denkt an seine Hobelbank und Sägemaschine in der Werkstatt. Muss er sie vielleicht bald durch neue ersetzen? Es gibt so viele Dinge, die den Gottesdienstbesucher vom aufmerksamen Zuhören ablenken können.

Spurgeon sagt:

„Es sollte mich nicht wundern, wenn die bunten Bänder der Damen und die lauten, krachenden Stiefel der Männer manchen störten. Es gibt da auch die lästigen Fliegen. Beelzebub – sein Name bedeutet wörtlich ‚Gott der Fliegen' – sorgt dafür, dass dort, wo der Tisch des Evangeliums gedeckt ist, die Gäste durch allerhand kleine Störungen belästigt werden. Oft stechen geistige Fliegen den Menschen, während ihr ihm predigt, und er wird durch allerlei Kleinigkeiten zerstreut. Ist das verwunderlich? Ihr müsst die Moskitos verjagen, den Strom der Gedanken aus dem werktäglichen Bett in ein sonntägliches lenken. Eure Predigt muss hinreichend Hebekraft haben, um die Leute von der Erde, an der sie kleben, emporzuheben und dem Himmel näher zu bringen."

Schädlich auf die Besucher wirkt sich auch die schlechte Luft in den Gotteshäusern aus. Es ist mühevoll, der Predigt zu folgen, wenn man um Atem ringen muss und die Menschen fortwährend die verbrauchte Luft anderer in die Lungen einatmen. Sie bekommen dadurch viel eher Kopfschmerzen als ein reumütiges Herz. Die Gemeinde sollte darauf achten und dafür beten, dass sich nicht nur des Himmels Fenster auftun, sondern auch die Fenster in den Gotteshäusern. Es gibt Kirchen, deren bunte Glasfenster man nicht öffnen kann. Man muss sich schon fragen: Wer würde gern in einem Haus wohnen, dessen Fenster nicht zu öffnen sind? Spurgeon bemerkt dazu:

„Nach der Gnade Gottes ist der Sauerstoff das Wichtigste für einen Prediger ... Bei vielen Dorfkirchen oder Domen in den Städten sind die Fenster nicht zum Öffnen eingerichtet. Der moderne, barbarische Baustil gibt uns nicht mehr Deckenraum als in einer Scheune und nicht mehr Öffnungen für die Luft als in einem morgenländischen Gefängnis. [...] Der Feuerofen war für Sadrach, Mesach und Abed Nego ein angenehmerer Aufenthalt, als es für mich eine jener Kirchen ist. Und selbst wenn man die Fenster aufmachen könnte, lässt man sie von einem Sonntag zum anderen geschlossen. Manche Leute haben kein Empfinden für schlechte Luft, und es heißt, dass den Füchsen der Gestank in ihren Höhlen nichts schadet. Aber ich bin kein Fuchs, und schlechte Luft macht mich und meine Zuhörer schläfrig. Ein frischer Luftzug würde sie für das Evangelium empfänglicher machen. In meiner früheren Kirche in der Park Street konnte man die Fenster nicht öffnen. Ich sagte den Diakonen oft, man sollte die oberen Scheiben herausnehmen, aber es geschah nicht. Nun entdeckte man eines Montags, dass jemand die Scheiben sehr geschickt, fast wie der Glaser selbst, herausgenommen hatte. Die Tat erregte großes Entsetzen, und man erschöpfte sich in Vermutungen über den Täter. Ich schlug vor, man solle eine Belohnung von fünf Pfund auf seine Entdeckung setzen und ihm, wenn er zum Vorschein käme, die Summe schenken. Da aber die Belohnung nicht ausgesetzt wurde, hielt ich es nicht für meine Pflicht, den Angeber zu spielen. Hoffentlich hat keiner von euch mich in Verdacht; sollte dies aber doch der Fall sein, so will ich gestehen, dass es mein Spazierstock war, mittels dessen der dumpfe Raum mit Sauerstoff versorgt wurde.“

Spurgeon ärgerte sich besonders darüber, wenn das Verhalten einiger Leute die Aufmerksamkeit in der Gemeinde störte. Manche kommen immer zu spät, und dann drehen sich die andern um, wenn sie hereinkommen. Wenn sie doch wenigstens dann die Türen leise schließen würden, aber meist fallen sie mit einem dumpfen Schlag ins Schloss. Ihr Stühlerücken, ihr Getrampel, ihr Stiefelkrachen hemmen die Aufmerksamkeit der anderen Gottesdienstbesucher, die pünktlich erschienen sind. Viele schauen sich noch nach ihrem Eintreten um. Einmal hatte Spurgeon vor Zuhörern zu predigen, die sich immer umdrehten, sobald jemand hereinkam. Da sagte er:

„Meine Freunde, da ihr so gerne wissen möchtet, wer hereinkommt, es mich aber stört, wenn ihr euch immer umseht, will ich euch jeden Eintretenden beschreiben. Dann könnt ihr mich ruhig ansehen und wenigstens den guten Schein wahren." Er beschrieb dann einen Herrn, der auch zu spät kam. Zum Glück war es ein guter Freund von ihm, der es ihm nicht verübelte. Er nannte ihn einen „sehr anständigen Herrn, der eben den Hut abgenommen hat". Dieser eine Versuch hatte genügt. Die Leute waren zunächst entsetzt über Spurgeon. Er teilte ihnen aber mit, dass er noch mehr entsetzt war, dass sie ihn durch ihr Verhalten dazu nötigten. Er konnte annehmen, dass diese Methode gewirkt und sie von ihrer Unart geheilt hatte.

Wenn für Ruhe, Ordnung und gute Luft im Gottesdienstraum gesorgt ist, reicht das noch nicht aus, um die Zuhörer in ihrer Aufmerksamkeit für die Predigt zu fesseln.

Leere Worte, abschätzige und nutzlose Bemerkungen, Schimpfkanonaden und jede Art von verletzender Ironie sind der Tod einer jeden Predigt. Vor allen Dingen sollte der Prediger nicht die Leute im Auge haben, die gar nicht unter seiner Kanzel sitzen. Sicher können auch ein paar gute Körner unter der Spreu zu finden sein; aber damit wird sich eine Gemeinde auf die Dauer nicht zufrieden geben. Jeder Christ hat ein Anrecht darauf, gute, kräftige, geistliche Nahrung im Gottesdienst zu finden. Er braucht eine Wegzehrung, die er mit nach Hause nehmen kann und die ihn die Woche über am Leben erhält, ein Manna vom Himmel und nicht ein spärliches Armenhausbrot.

Eine Predigt sollte auch in einen guten Rahmen eingebunden

und nach verschiedenen Gesichtspunkten geordnet sein. Sie muss logisch aufgebaut sein, damit man den Inhalt auch in den kommenden Tagen bewegen kann.

Wichtig ist eine deutliche Aussprache und eine klare Redeweise. Lange Sätze und Fremdwörter, die nur einige wenige verstehen, ermüden die Besucher. Wenn ein Pastor Ausdrücke gebraucht, die den Gästen ungewohnt sind und die sie nicht verstehen, könne man ebenso gut Chinesisch mit ihnen reden. Es gilt so zu reden, dass auch schlichte Menschen mit einer geringeren Vorbildung den Inhalt verstehen können.

Jesus war ein hervorragender Prediger. Er sprach in einfacher, bildhafter Art. Er hat auch nie eine Predigt vom Blatt abgelesen, sondern immer frei gesprochen. Natürlich setzt dies eine besondere Begabung des Predigers voraus; aber sie kann erlernt werden. Denn auch bei gut vorgetragenen Predigten, die abgelesen werden, merkt man der Vortragsweise den Papiergeschmack ab. Papier aber ist bei bestem Willen nicht zu verdauen. Wer aber andererseits meint, er brauche seine Kanzelrede gar nicht vorbereiten, der irrt gewaltig.

Spurgeon sagt dazu:

„Redet auch nicht im eigentlichen Sinn aus dem Stegreif. Das ist so schlimm oder noch schlimmer als das Ablesen. Geht nicht auf die Kanzel und sagt das Nächstbeste, was euch einfällt, denn das Oberste ist gewöhnlich Schaum. Eure Gemeinde will eine Predigt, die unter Gebet und fleißigem Studium geboren worden ist. Um wirklich gut zu reden, müssen wir aus unserer innersten Seele heraus in einfachen, natürlichen Worten reden, und der Inhalt muss so sorgfältig oder noch sorgfältiger vorbereitet sein, als wäre er für den Druck bestimmt. Meiner Ansicht nach ist es am besten, man bereitet die Predigt dem Inhalt, aber nicht dem Wortlaut nach gründlich vor. Die Sprache kommt von selbst, wenn der Inhalt gut durchdacht ist. Dann redet der Prediger wie ein Meister in Israel, was er weiß, und zeugt von dem, was er gesehen hat."

In der Sprechweise sollte der Kanzelredner sich um eine angenehme, wohltuende, abwechslungsreiche Stimmführung bemühen. Er sollte mal laut, mal leise, mal hoch, mal tief, mal dramatisch, mal bedacht, mal feierlich und mal ganz alltäglich reden. Nichts schläfert die Hörer mehr ein als eine eintönig, gleich bleibende Stimmlage.

Natürlich gibt es auch Prediger, die nicht über eine gewaltige, kräftige Stimme verfügen.

Von Mose wird uns in der Bibel berichtet, dass er eine schwere Zunge hatte. Eigentlich war er für den hohen Auftrag, mit Pharao Verhandlungen zu führen, nicht geeignet. Israel sollte aus der Sklaverei befreit werden und in das gelobte Land ziehen. Was hat Mose in dieser für ihn ausweglosen Situation getan? Er nahm sich Aaron an die Seite, und gemeinsam waren sie für den hohen, verantwortungsvollen Auftrag gerüstet.

Auch von Paulus wissen wir, dass er eine ausgezeichnete Bildung genossen hat. Er saß zu Füßen des Schriftgelehrten Gamaliel und hat an der besten Universität studiert. Dennoch geschah es unter seiner Wortverkündigung, dass während einer langen Predigt ein junger Mann einschlief. Die Folgen waren verhängnisvoll. Er stürzte über einen Balkon und verletzte sich schwer.

Spurgeon sagt hierzu in seiner bildhaften Redeweise:

„Die Vortragsweise ist nicht die Hauptsache, aber es wäre doch schade, wenn der wertvolle Inhalt nicht gut dargeboten werden würde. Ein König darf nicht im Müllwagen fahren. Die herrliche Botschaft von der Gnade darf nicht nachlässig angeboten werden. Die königliche Wahrheit muss in einem goldenen Wagen fahren. Spannt eure besten weißen Rosse vor und lasst silberne Posaunen ertönen, wenn die Wahrheit durch die Straßen fährt. Die Art, wie ihr es vortragt, sei wenigstens nicht schuld daran, dass die Gemeinde unaufmerksam ist. Könnt ihr aber wirklich keinen guten Vortrag darbieten, so sorgt wenigstens dafür, dass der Inhalt so anziehend wie möglich ist, und macht es im Übrigen, so gut ihr könnt.

Macht die Einleitung nicht zu lang. Eine große Eingangshalle passt nicht zu einem kleinen Haus. Eine treffliche Christin hörte einmal einen Pastor predigen, bei dem die Einleitung eine ganze

Stunde dauerte. Die Frau sagte nachher, der liebe Herr habe so lange gebraucht, um den Tisch zu denken, dass ihr der Appetit zum Essen vergangen sei. Sie habe schließlich gedacht, es gäbe gar kein Essen mehr. Deckt den Tisch schnell, damit das Geklapper der Teller und Bestecke aufhört. Ich mache meine Einleitung am liebsten wie der Ausrufer, der schellt und dann ruft: ‚Es wird hiermit bekannt gegeben, dass ...‘ Dann horchen die Leute auf. Um dies zu erreichen, muss die Einleitung etwas Anregendes enthalten, wie wenn man einen Signalschuss abfeuert. Zieht nicht gleich alle Register, aber fangt doch so an, dass die Leute etwas Gutes erwarten. Die Einleitung sei nicht eine herrliche Vorbereitung auf ein Nichts, sondern die erste Stufe zu etwas noch Besserem. Seid von Anfang an lebhaft!

Die Bibel bietet uns reichen Stoff für unsere Predigten, deshalb sollte sich ein Verkündiger nicht ständig wiederholen. Man muss nicht immer auf denselben Nagel schlagen. Die Gottesbotschaft in ihrer Fülle soll der Gemeinde zugute kommen. Die Kanzel ist auch kein Hörsaal für Studenten, und deshalb ist es auch nicht nötig, die Predigt zu einer Vorlesung umzufunktionieren. Eine Wahrheit sollte zum Thema gewählt werden und nicht die ganze Theologie.“

Über die Länge, die eine Predigt haben sollte, äußert sich Spurgeon folgendermaßen:

„Ein alter Prediger sagte zu einem jungen Mann, der eine Stunde lang predigte: ‚Sie können meinetwegen predigen, über was Sie wollen, aber predigen Sie niemals über vierzig Minuten.‘ Länger als vierzig Minuten oder eine dreiviertel Stunde sollten wir nie predigen. Wenn einer in dieser Zeit nicht sagen kann, was er zu sagen hat, wann will er es dann überhaupt sagen? Aber da sagt einer, er möchte doch seinem Text gerecht werden. Gewiss, aber du musst auch den Zuhörern gerecht werden oder wenigstens Mitleid mit ihnen haben und sie nicht so lange hinhalten. Der Text kann sich nicht beklagen, aber die Menschen können es. Auf dem Land müssen die Bauern nachmittags ihre Kühe melken. Ein Bauer beklagte sich bei mir bitter über einen jungen Mann: ‚Er hätte wenigstens um vier Uhr aufhören sollen, stattdessen predigte er bis halb fünf Uhr, und alle meine Kühe warteten aufs Melken. Das hätte ihm auch nicht gefallen, wenn er eine Kuh gewesen wäre.'

Kürze ist eine Tugend, die wir erbringen können. Wenn ihr kurz predigen wollt, dann bereitet euch gründlich vor. Verwendet mehr Zeit zum Studium der Predigt, dann braucht ihr weniger Zeit zum Halten. Wir predigen meist dann endlos, wenn wir wenig zu sagen haben."

Überaus wichtig ist der Kontakt, den der Prediger zu seiner Gemeinde hat. Sie soll für ihren Hirten beten und hinter ihm stehen. Es gilt eine Atmosphäre zu schaffen, die vom Geist Gottes erfüllt ist. Wenn ein Pfarrer seine „Schäfchen" kennt, wird er auch viel besser auf ihre Nöte, Sorgen und Probleme eingehen. Jesus kannte seine Jünger bis in ihre alltäglichen Belange hinein, und deshalb konnte er auch vertrauensvoll zu ihnen reden wie ein Vater zu seinem Kind.

Auf eine Herde soll man auch nicht einschlagen, sondern sie mit liebevoller Hand und freundlichen Worten führen. Ein Hirte wird seine Schafherde immer zu den besten Weideplätzen bringen, damit sie immer reichlich Nahrung findet. Ein Pastor, das heißt übersetzt „Hirte", muss seine „Schäfchen" lieben. Dies ist wahrscheinlich das Geheimnis eines gesegneten Dienstes. Nur wer liebt, gewinnt seine Zuhörer und kann die Botschaft des Evangeliums tief in ihre Herzen prägen. Mit ganzer Hingabe muss ein Prediger seine Herde weiden. Er darf sie nie verlassen, auch wenn die Stürme noch so toben. Der großartige Entertainer Hans Rosenthal wurde einmal von einem Journalisten gefragt, warum seine Sendungen bei den Menschen so beliebt seien und warum er so hohe Einschaltquoten habe. Seine Antwort war denkbar einfach: „Man muss sein Publikum lieben." Ob dies nicht erst recht von einem Pfarrer gesagt werden müsste?

Hilfreich ist es für die Verkündigung, wenn viele Bilder in die Ansprache eingewoben werden. In dieser Beziehung können wir von Jesus lernen. Er hat seinen Zuhörern die Botschaft von der

Liebe Gottes durch Bilder vor Augen gemalt. In einem Beispiel sagt Jesus: „Sehet die Vögel unter dem Himmel an: Sie säen nicht, sie ernten nicht, sie sammeln nicht in die Scheunen; und euer himmlischer Vater ernähret sie doch. Seid ihr denn nicht viel mehr als sie?“ (Matthäus 6,26). Bei dieser Rede haben die Menschen gespürt, wie wertvoll sie dem Gottessohn waren. Nie mehr haben sie vergessen, dass sie bei Jesus viel wichtiger geachtet sind als die Vögel am Himmel, die doch von ihm bestens versorgt werden. Ganz neu dürfen wir erfahren: In Gottes Augen stehen wir in hohem Ansehen. Er, der den Vögeln Raum zum Leben schafft, sie täglich nährt und fröhlich macht, wird auch seinen Kindern in ihren Nöten durchhelfen, sie stärken und ermutigen. Das hohe Ziel, das Himmelreich, werden wir erreichen, das darf uns gewiss sein.

Spurgeon sagt:

„Wenn ihr Geschichten erzählen wollt, dann seien sie frisch und einzigartig. Macht eure Augen auf und pflückt selbst Blumen im Garten und auf dem Felde. Die werden euern Zuhörern viel besser gefallen als welke Blüten aus anderer Leute Sträuße. Eure Bilder seien zahlreich und treffend, aber schöpft sie möglichst wenig aus fremden Quellen, sondern lasst sie geschickt aus eurem Stoff herauswachsen. Bilder und Geschichten dürfen, wie schon gesagt, nicht der eigentliche Inhalt sein. Sie sind die Fenster, die das Licht hereinlassen, aber wozu die Fenster, wenn nichts da ist, auf das das Licht scheinen kann? Verziert den Braten, aber der Braten selbst muss die Hauptsache sein. Ihr müsst wirklich belehren und unterweisen, sonst werden die Bilder eure Zuhörer kalt lassen und sie dazu bringen, dass sie nach wirklicher geistlicher Speise hungern.

Bringt in euren Predigten manchmal etwas Überraschendes. Das hilft sehr, Aufmerksamkeit zu erregen. Sagt nicht, was jedermann erwartet, seid abwechslungsreich. Wenn ihr sagt: ‚Die Seligkeit kommt allein aus der Gnade‘, so fahrt nicht jedes Mal fort, ‚und nicht aus menschlichem Verdienst.‘ Vielmehr sagt zur Abwechslung: ‚Die Seligkeit kommt allein aus der Gnade, es ist nirgends ein Eckchen, wo sich die Selbstgerechtigkeit verstecken könnte.‘“

Manchmal sind auch kurze Pausen während der Rede angebracht. Wenn ein Kutscher seine Pferde gelegentlich anhält, dann wachen die Reisenden drinnen aus dem Schlaf auf. Ein Müller schläft, wenn das Mühlwerk läuft. Wenn aber das Geklapper aufhört, fährt er auf und ruft: „Was gibt es?"

Gut ist es auch, wenn die Predigt durch frische, frohe Lieder unterbrochen wird, kurz die Fenster aufgemacht werden, die Besucher aufstehen und frische Luft hereinströmt.

Von dem früheren Jugendpfarrer aus Essen, Wilhelm Busch, wird berichtet: Es war auf einer Konferenz. Hunderte oder sogar Tausende von Menschen waren angereist, um die Bibelarbeiten zu hören. Pfarrer Wilhelm Busch war einer der Redner. Er konnte vollmächtig und begeistert von Jesus Christus Zeugnis ablegen. Und doch waren einige Besucher in der heißen Mittagszeit eingenickt. Pfarrer Wilhelm Busch hielt plötzlich inne und rief laut in den Saal: „Da schlafen ja einige! Aufstehen! Fenster öffnen! Wir singen: ‚Stern, auf den ich schaue'!" Mächtig setzte der brausende Gesang aus vielen Kehlen ein, und der letzte Schläfer war aufgewacht.

Es gilt auch den Hörern deutlich zu machen, dass es bei der Predigt um etwas ganz Wichtiges geht. Spurgeon schreibt dazu:

„Ich habe manches Merkwürdige gehört, aber ich habe nie gehört, dass ein Mensch eingeschlafen sei während der Verlesung eines Testamentes, in dem er eine Erbschaft erwartete, oder ein Gefangener während des richterlichen Urteilsspruchs, der für ihn Leben oder Tod bedeutete. Wenn einer weiß, die Sache betrifft ihn, wird er gewiss wach bleiben. Predigt über praktische Dinge, über dringende, gegenwärtige, persönliche Angelegenheiten, und ihr habt gewiss aufmerksame Zuhörer."

Zum Schluss noch eine Goldene Regel von Spurgeon:

„Seid selbst vom Geist Gottes erfüllt, dann braucht ihr gar nicht mehr zu fragen, ob eure Zuhörer aufmerken oder nicht. Kommt frisch aus dem Kämmerlein und der Gemeinschaft mit Gott, um ihn mit aller Kraft eurer Seele den Menschen nahe zu bringen, und ihr werdet Macht über sie haben. Wenn Gott spricht, müssen die Menschen hören, selbst wenn er durch einen armen, schwachen Menschen spricht. Die Majestät der Wahrheit wird sie zwingen, ihm zu lauschen. Verlasst euch auf eine überirdische Kraft. Vervollkommnet euch in der Redekunst, pflegt alle Zweige des Wissens, gestaltet eure Predigt nach Inhalt und Form möglichst vollkommen, aber denkt stets daran: ‚Nicht durch Heer oder Kraft' werden die Menschen erneuert und geheiligt, ‚sondern durch meinen Geist, spricht der Herr.'"

Die Bedeutung des Gebets für die Verkündigung

Es ist das A und O im Dienst eines Verkündigers, dass er betet. Bernhard von Clairveaux sagt: „Welch ein Widerspruch, wenn ein Mann dem Amt und der Stellung nach der Höchste, aber der Seele und dem Leben nach der Geringste wäre." Ein Prediger übernimmt mit seinem Amt eine hohe Verantwortung, und sie kann nur durch das Gebet im rechten Maße ausgeführt werden. „Ohne Gebet geschieht nichts", sagt die Heilige Schrift. So wird der Verkündiger zunächst für seine Frau, seine Kinder, seine Nachbarn, seine Gemeinde und sein Land beten. Das Lob am Morgen und der Dank am Abend sollten den Tag einrahmen. Dazwischen sollten sich wie Perlen an einer Schnur die Fürbittegebete für alle Belange seiner Arbeit aufreihen. Wenn das Feuer des Gebetes nicht mehr auf seinem Altar brennt, wie soll es dann zu einer lebendigen Auferbauung seiner Gemeinde kommen? Es ist die Aufgabe eines Predigers, seine Gemeinde beständig vor Gott zu bringen. Er sendet heilige Wünsche und Bitten zu seinem himmlischen Vater aus und darf dabei gewiss sein, dass diese abgeschossenen Pfeile ihr Ziel nicht verfehlen. Die Aufforderung „Betet ohne Unterlass!" ist in ganz besonderer Weise an den Pastor einer Gemeinde gerichtet.

Es liegt klar auf der Hand, dass er damit auch vielfältige Anfechtungen zu tragen hat. Ist er ein guter Hirte, dann wird er um jeden Einzelnen ringen, und das bedeutet mehr Kampf, als gewöhnliche Menschen zu durchleiden haben. Wie sollte er in dieser Auseinandersetzung bestehen können, wenn er nicht, wie es die Bibel sagt, beständig „seine Augen aufhebt zu den Bergen, von denen ihm Hilfe kommt".

Ein Prediger schrieb einmal an seinen Freund folgende Zeilen: „Obwohl ich schnell aus der rechten Fassung herausfalle und leicht aus den Angeln gehoben werde, komme ich mir dann doch wie ein Vogel außerhalb des Nestes vor und werde nicht eher wieder ruhig, bis ich in alter Weise Gemeinschaft mit Gott genieße, der Magnetnadel im Kompass gleich, die unruhig ist, bis sie sich dem Pol zuwendet. Ich kann durch Gottes Gnade auch sagen (Jesaja 26,9: ‚Von Herzen verlangt mich nach dir des Nachts, ja, mit meinem Geist suche ich dich am Morgen.' Mein Herz ist früh und spät bei Gott; es ist das Geschöpf und die Wonne meines Lebens, ihn zu suchen."

Spurgeon selber sagt:

„Das Gebet ist euer wichtigster Gehilfe, solange die Predigt noch auf dem Amboss ist. Wenn andere, wie Esau, jagen gehen nach einer Mahlzeit, werdet ihr durch das Gebet ein köstliches Mahl zu Hause finden und könnt wie Jakob – aber mit voller Wahrheit – sagen: ‚Der Herr hat's mir beschert.' Wenn ihr eure Feder in euer Herz taucht und dabei ernstlich zu Gott ruft, werdet ihr gut schreiben, und wenn ihr den Inhalt eurer Predigt auf den Knien an den Toren des Himmels sucht, werdet ihr auch gut reden. [...] Bibelworte offenbaren ihre Schätze oft erst, wenn man sie mit dem Schlüssel des Gebets öffnet. Wie wunderbar wurde Daniel, während er im Gebet war, die Schrift aufgetan! Wie viel hat Petrus auf dem Dachbalkon gelernt! Das Kämmerlein ist die beste Studierstube. Die Erklärer der heiligen Schriften sind gute Lehrer, aber der Verfasser selbst ist der beste, und durchs Gebet wenden wir uns unmittelbar an ihn und gewinnen ihn für unsere Sache. Es ist etwas Großes, wenn man sich in den Geist und das Mark eines Textes hineinbetet, sich hineinarbeitet, indem man zugleich daran zehrt, wie der Wurm sich in einen Nusskern hineinbohrt. [...] Anhaltendes Befragen der biblischen Aussprüche hebt den Schleier und lässt uns in die tiefen Geheimnisse Gottes schauen. Ein puritanischer Theologe schrieb während einer Besprechung fortwährend auf ein Blatt, das er vor sich hatte. Als einige Neugierige nachsahen, was er geschrieben hatte, fand man nur in endloser Wiederholung die Worte: ‚Mehr Licht, Herr, mehr Licht, Herr!' Das ist ein sehr passendes Gebet für einen, der an einer Predigt arbeitet."

Das Gebet ist der mächtigste Hebel, mit dem Wunder vollbracht werden. Wer sich zu Gott hinwagt, in sein Licht tritt, darf erfahren, dass sich seine eigene Dunkelheit auch in Licht verwandelt. Ein Prediger muss sich in seiner Gemeinde mit vielen Konflikten herumschlagen. Wie oft wird er von Menschen in die Enge getrieben. Er wäre hoffnungslos den Problemen ausgeliefert, wüsste er nicht um die Macht des Gebetes. Das Gebet um Weisheit bei allen Dienstaufträgen wird sicher den ersten Platz einnehmen.

Wer eine Predigt vorbereitet, weiß, wie oft er dabei ins Stocken gerät, wie sich die Gedanken nicht so leicht ordnen und nicht so leicht in einen guten Redefluss bringen lassen. Da hilft nur, wenn man die göttlichen Wasserquellen anzapft und neue Gedankenströme über sich ergießen lässt.

Als das Volk Israel in der Wüste Zin lagerte, fand es zunächst eine Oase, die genug Wasser für die Menschen und das Vieh spendete. Aber dann blieb der Regen aus, die Quellen versiegten, und der Durst wurde quälend. Da drängten sich die Israeliten zu Mose und Aaron und beschimpften sie mit heftigen Vorwürfen: „Ach, wären wir doch bloß wie all die anderen auf dem langen Marsch durch die Wüste gestorben. Jetzt droht uns hier kurz vor dem Ziel der Tod. Warum habt ihr uns in diese Einöde gebracht, damit wir hier verdursten? Unser Vieh hat kein Wasser mehr, unsere Frauen und Kinder haben Angst, dass sie sterben müssen. Hier in der Wüste wächst weder Wein noch Korn, keine Feigen und keine Granatäpfel. Wir sind am Ende."

Was haben Mose und Aaron in dieser ausweglosen Lage getan? Sie zogen sich in die Stille zurück und warfen sich vor Gott nieder. In ihrer großen Angst und Bedrückung schrien sie zum Herrn. Dann geschah das Unglaubliche. Die Herrlichkeit Gottes strahlte vor ihnen auf, und er redete zu ihnen. Mose erhielt eine ganz konkrete Anweisung: „Hol deinen Stock und geh mit Aaron dort drüben hin. Befiehl dem Felsen vor der versammelten Gemeinde, euch Wasser zu geben. Dann wird Wasser hervorsprudeln, und ihr könnt Menschen und Vieh zu trinken geben."

Mose gehorchte der Stimme des Herrn. Er rief die Gemeinde zu diesem Felsen, tadelte sie mit harten Worten und sprach zu ihnen: „Ihr seid ein widerspenstiges Volk. Glaubt ihr wirklich, wir könnten euch Wasser aus diesem Felsen verschaffen?"

Zweimal schlug er mit seinem Stock an den Felsen. Da sprudelte so viel Wasser hervor, dass Menschen und Vieh sich satt trinken konnten. So erwies sich Gott als der Allmächtige, der in notvoller Situation Wunder vollbringt. Es war das Gebet der beiden Führer, das Gottes Herz erreicht und zum Handeln bewogen hat.

Auch heute sollte der Gemeindeleiter das Gebet als Bohrer für Gottes Brunnen gebrauchen, denn in der Schrift heißt es: „Gottes Brünnlein hat Wassers die Fülle." (Psalm 65, 10)

Wer wollte da Durst leiden, wenn lebendiges Wasser aus der Quelle sprudelt?

Die Zuhörer müssen davon ergriffen sein, dass ihr Pastor selbst von der Botschaft berührt wird. Er muss Gott begegnet sein, ehe er andere einlädt, zu Gott zu kommen, sonst ist sein Zeugnis nicht glaubwürdig. Nur wer die Stille vor Gott gesucht hat, kann andere in die Stille führen.

Spurgeon sagt:

„Die meisten Prediger, die sich auf Gottes Geist verlassen, werden sagen, dass ihnen ihre besten und frischesten Gedanken nicht beim Besinnen kommen, sondern ihnen wie auf Engelsflügeln zufliegen. Es sind unvermutete Schätze von himmlischen Händen gespendet. [...] Oft, wenn ich mit dem Gedanken und dem Ausdruck zu ringen hatte, kam mir Hilfe durch das geheime Seufzen meines Herzens, sodass mir die Rede leichter floss als gewöhnlich. Aber wie könnten wir uns unterstehen, während der Schlacht zu beten, wenn wir es auch nicht getan haben, während wir die Rüstung anschnallten? Die Erinnerung an das Ringen in der

Studierstube tröstet den Prediger, wenn er sich auf der Kanzel wie gelähmt fühlt. Gott verlässt uns nicht, wenn wir ihn nicht verlassen haben. [...]

Wie die feurigen Zungen der Feuerflammen an Pfingsten auf die Apostel kamen, während sie wachten und beteten, so wird es auch euch geschehen, und wenn ihr vielleicht einmal matt werden wolltet, werdet ihr euch durch Engelkräfte emporgetragen fühlen. Euer Wagen, der vielleicht nicht mehr vom Fleck kommt, wird feurige Räder und himmlische Rosse bekommen und ihr werdet wie Elia in flammender Begeisterung gen Himmel fahren. Wo anders als vor dem Thron der Gnade könnte ein treuer Prediger nach der Predigt sein Herz ausschütten und Trost für seine Seele finden. Wie können wir auf dem höchsten Gipfel der Erregung unsere Seele anders beruhigen als durch inniges Gebet! Oder wenn uns ein Misserfolg mutlos machen will, was kann uns trösten, wenn nicht, dass wir unseren Kummer vor Gott ausschütten! Wie oft werfen wir uns die halbe Nacht auf unserem Lager hin und her, weil wir fühlen, dass wir nicht kräftig genug Zeugnis abgelegt haben. Wie oft möchten wir noch einmal auf die Kanzel eilen, um das, was so kalt über unsere Lippen gekommen ist, feuriger zu wiederholen. Was kann uns dann trösten, wenn nicht das Bekenntnis unserer Sünde und die innige Bitte, dass unsere Schwäche und Torheit den Heiligen Geist nicht aufhalten mögen. Wir können in einer öffentlichen Versammlung nicht unsere ganze Liebe zu der Gemeinde ausdrücken. Wie Joseph wird der liebende Hirte einen Ort suchen, wo er seinen Tränen freien Lauf lassen kann. Wenn er sich auch noch so freimütig alles von der Seele redet, kann er sein Gemüt auf der Kanzel nicht ganz zeigen, aber im Kämmerlein kann er die Schleusen öffnen und seine innere Bewegtheit ausströmen lassen. Wenn wir die Menschen nicht für Gott gewinnen können, so müssen wir versuchen, Gott für die Menschen zu gewinnen. Wir können sie nicht retten und sie nicht einmal überreden, sich retten zu lassen, aber wir können doch ihre Torheit beweinen und den Herrn um seinen Beistand anflehen. Wie Jeremia können wir sagen: ‚Wollt ihr aber solches nicht hören, so soll meine Seele im Verborgenen weinen über solchem Hochmut und meine Augen viel weinen und meine Tränen fließen.‘ Ein solches Gebet bleibt niemals unerhört, und zu seiner Zeit wird aus dem weinenden Fürsprecher ein Gewinner der Seelen. Es besteht eine enge Verbindung zwischen heißem Ringen und wahrem Erfolg wie zwischen den Wehen und der Geburt, zwischen dem Säen mit Tränen und dem Ernten mit Freuden.“

Auch bei Luther lag die Kraft seiner Verkündigung im Gebet. Sein Biograf sagt von ihm: „Ich hörte ihn beten, aber, guter Gott, mit welchem Leben und Geist betete er. Er sprach so ehrfurchtsvoll mit seinem Gott und so zutraulich wie mit einem Freund.“

Wenn wir eine Predigt gehalten haben, sind wir mit dem Gebet noch nicht fertig: denn der Dienst geht weiter. Verlorene Menschen, die Jesus noch nicht kennen, sollen in eine Lebensverbindung mit ihm treten. Nie wird es uns an Gebetsanliegen fehlen. Manche unserer Gemeindeglieder sind krank, einige auch an ihrer Seele. Es gibt Verzagte, Enttäuschte, Verzweifelte, Sterbende, Witwen und Waisen. Uns bleibt die Aufgabe, wie Jesus den Leuten wohl zu tun und sie zu lieben. Wir sollten auch unser Vaterland im Gebet nicht vergessen und sollten auch für unsere Regierung bei Gott eintreten.

Spurgeon sagt hierzu:

„Ein Prediger, der das Beten versäumt, hat den Ernst seines Berufes nicht erfasst. Er kennt nicht den Wert einer Seele noch den Ernst der Ewigkeit. Er ist ein Beamter, der um des lieben Brotes willen auf der Kanzel steht, oder ein verächtlicher Heuchler, gierig nach Ruhm bei Menschen und gleichgültig gegen den Ruhm bei Gott. Er wird gewiss mit der Zeit ein oberflächlicher Schwätzer, der da am besten gefällt, wo man wenig nach der Gnade fragt und leeren Schein bewundert. Er kann keiner von denen werden, die tief pflügen und reichlich ernten; er ist ein Faulenzer und kein Arbeiter. Als Mensch lebt er, aber im Geist ist er tot. Er hinkt wie ein Mann mit ungleichen Beinen, denn sein Gebet ist kürzer als seine Predigt.“

Von einem Verkündiger namens Joseph Allein schreibt seine Frau:

„Solange er gesund war, stand er um vier Uhr auf, und es betrübte ihn, wenn er die Handwerker hämmern hörte, ehe er angefangen hatte zu beten. ‚Wie beschämt mich das Geräusch. Verdient nicht mein Meister mehr Eifer als der ihre?‘ Die Zeit von vier bis acht verbrachte er mit Gebet, Betrachtung und Psalmensingen. Manchmal unterbrach er seine Gemeindearbeit und verbrachte ganze Tage in Gebet und Meditation.“

Hören wir noch einmal, was Spurgeon sagt:

„Wir ahnen wahrscheinlich kaum, um wie viel Segen wir uns durch Vernachlässigung des Betens bringen und wie viel reicher wir wären, wenn wir mehr im Gebet mit Gott verkehrten. Bloße Klagen darüber helfen nichts. Viel wertvoller ist ein ernster Vorsatz, dass wir uns bessern wollen. Wir sollten nicht nur, sondern wir müssen mehr beten. Das Geheimnis unseres Erfolges im Predigtamt liegt im kräftigen Beten.“

Spurgeon – ein liebevoller Ehemann

Spurgeon war in allen Bereichen seines vielfältigen Dienstes ein eifriger Arbeiter. Er schonte sich nicht und stellte seine ganze Zeit Gott zur Verfügung. Für seine Frau Susannah war dies nicht immer leicht. Oft musste sie allein mit den Kindern zu Hause bleiben. Aber tapfer trug sie diese Last und unterstützte ihren Mann, wo sie nur konnte.

Einmal wurde sie sehr krank. Über diese Zeit berichtet sie selbst und fügt eine Geschichte an, aus der hervorgeht, wie sie in allen Anfechtungen doch unter Gottes besonderer Fürsorge und Liebe stand:

„Es war während einer langen Zeit schmerzhaften Leidens. Das waren dunkle Tage für meinen Mann und mich. Ich war ernsthaft krank und konnte nur wenig Erleichterung von den Qualen finden, die diese Krankheit verursachte.

Mein lieber Mann, der so mit dem Werk des Herrn beschäftigt war, schaffte trotzdem Raum für kostbare Augenblicke an meiner Seite. Dann erzählte er mir, wie das Werk Gottes Fortschritte machte, sodass er mich in meinem Leiden tröstete und ich ihm meinerseits Mut für seine Arbeit machen konnte. Immer, wenn er mich wieder verlassen musste, fragte er mich: ‚Liebste, was kann ich dir mitbringen?'

Ich bat selten um etwas, denn außer Gesundheit hatte ich genug von allem, was ich brauchte. Doch eines Tages, als er mir die gewohnte Frage stellte, antwortete ich scherzhaft: ‚Ich hätte gerne einen Opalring und einen Kanarienvogel.'

Überrascht und belustigt zugleich sagte er nur: ‚Du weißt, dass ich dir das nicht beschaffen kann.'

Zwei oder drei Tage hatten wir Spaß an meinen eigenartigen Wünschen. Als er dann am Donnerstag vom Tabernakel zurückkam, trat er mit einem so strahlend verliebten Gesicht in mein Zimmer, dass ich sofort merkte, dass ihn etwas hoch erfreut hatte. Er hielt ein kleines Kästchen in der Hand, und ich bin sicher, dass seine Freude noch größer war als meine, als er einen wunderschönen Ring aus dem Kästchen nahm und ihn mir an den Finger steckte.

‚Liebling, dies ist dein Opalring', sagte er und berichtete mir, auf welch seltsame Weise er ihn bekommen hatte. Eine alte Dame, die er einmal besucht hatte, als sie krank war, schickte eine Nachricht zum Tabernakel, dass sie Frau Spurgeon ein kleines Geschenk machen möchte, und ob jemand so freundlich wäre, es abzuholen. Der Sekretär meines Mannes ging hin, holte das Kästchen ab. Und als mein Mann es öffnete, stellte er fest, dass es einen Opalring enthielt.

Nicht lange danach wurde ich nach Brighton gebracht, um dort die Krise besser bewältigen zu können und auf schnellere Gesundung zu hoffen.

Als an einem Abend mein lieber Mann von London kam, brachte er ein großes Paket mit. Er packte es aus, und ich sah einen Käfig mit einem wunderschönen Kanarienvogel. Wie erstaunt war ich, wie grenzenlos war meine Freude! Mein Mann hatte eine liebe Bekannte besucht, deren Mann todkrank war. Nachdem er den Kranken im Gebet Gott anbefohlen hatte, sagte die Frau zu ihm: ‚Ich möchte meinen Kanarienvogel gerne Ihrer lieben Frau schenken. Kein anderer soll ihn haben. Für meinen Mann in seiner schweren Krankheit sind seine Lieder zu anstrengend, und ich weiß, dass er Ihrer Frau gefallen und sie in ihrer Einsamkeit erfreuen wird, wo Sie sie doch so viel allein lassen müssen.'

Mein lieber Mann erzählte ihr dann, wie sehr ich mir solch einen Zimmergenossen gewünscht hatte. Gemeinsam freuten sie sich über die Fürsorge unseres himmlischen Vaters, der auf wunderbare Weise für das Geschenk gesorgt hatte, das sein Kind sich so sehr wünschte. Mit dem Käfig neben ihm war die Reise nach Brighton kurz. Als der Vogel sein liebliches Lied sang und zur Belohnung ein Hanfkorn von den Lippen seiner neuen Herrin nahm, gab es in dem kleinen Zimmer am Meer Augen voller Freudentränen und Herzen voller Gotteslob. Und mein Mann sagte: ,Du bist wohl eines der verwöhnten Kinder deines himmlischen Vaters. Er gibt dir alles, worum du ihn bittest.'"

Das letzte Jahr

Es war ein reiches Leben, das die beiden so gesegneten Eheleute führten. Susannah war ihrem Mann nicht nur eine liebende Gattin, sondern auch eine Seelsorgerin. Sie stand ihm bei in mancherlei Kämpfen und Kontroversen, von denen Spurgeon nicht verschont blieb. Sie hat ihn liebevoll versorgt und gepflegt, wenn seine angeschlagene Gesundheit ihm stark zu schaffen machte. An Spurgeon bewahrheitete sich das Wort: „Was schwach ist vor der Welt, das hat sich Gott erwählt, dass er zuschanden mache, was stark ist." (1. Korinther 1,27)

Dann kam das letzte Jahr seines Lebens. Nach seiner Rückkehr aus dem sonnigen Süden fasste Spurgeon die Grundanliegen seines Dienstes in einer Predigt über Jesaja 62,6-7 zusammen:

„O Jerusalem, ich will Wächter auf deine Mauern bestellen, die den ganzen Tag und die ganze Nacht nimmer stillschweigen sollen, und die des Herrn gedenken sollen, auf dass bei ihm kein

Schweigen sei und ihr vor ihm nicht schweigt, bis dass Jerusalem zugerichtet und gesetzt wird zum Lobe auf Erden.“

Die Predigt war ein machtvoller Aufruf zu Gebet und Zeugnis. Obwohl es unheilvolle Anzeichen im Blick auf seine Gesundheit gab, schonte er sich nicht, sondern arbeitete mit äußerstem Ernst und Eifer, die Frohe Botschaft zu verbreiten. In sehr schlechter Verfassung stand er am 3. Mai auf der Kanzel und hielt die Predigt, die er am Sonntag zuvor hatte halten wollen und wegen seiner Krankheit hatte absagen müssen.

Am Morgen des 7. Juni 1891 stand Spurgeon zum letzten Mal auf der Kanzel, von der er 30 Jahre lang gepredigt hatte. Von hier aus hatte er das Evangelium vor mindestens zwanzig Millionen Menschen verkündigt. Die Predigt war ein feiner Abschluss seines Dienstes in dem schönen Gotteshaus, das ihm das Gleiche bedeutete, was Zion für das Gottesvolk war. Die letzten Sätze sind besonders bedeutungsvoll und beachtenswert:

„Wenn ihr die Dienstkleidung Christi tragt, werdet ihr ihn als so sanft und demütig erleben, dass ihr Ruhe finden werdet für eure Seelen. Er ist der großherzigste aller Führer. Unter den besten Fürsten der Welt kommt ihm keiner gleich. Er ist immer da, wo der Kampf am wildesten tobt. Wenn der Wind kalt bläst, stellt er sich an die ungeschützten Stellen. Auf seinen Schultern liegt stets der schwerste Teil des Kreuzes. Wenn er will, dass wir eine Last tragen, trägt er sie mit uns. Was er an Güte, Großzügigkeit und Freundlichkeit gibt, und an zarter, ja auch reicher überfließender Liebe, das werdet ihr immer in ihm finden. Sein Dienst ist Leben, Friede, Freude. Oh, dass ihr doch sofort damit beginnen würdet! Gott helfe euch, in den Dienst unter dem Banner Jesu Christi einzutreten.“

Die nächsten drei Monate war er ans Bett gefesselt. Es sah so aus, als würden weder ärztliche Kunst noch geduldiges Wachen noch sorgfältigste Pflege irgendetwas nutzen. Während alles getan wurde, was sinnvoll erschien, beteten Gläubige auf der ganzen Welt ohne Aufhören. Die Tabernakelgemeinde begann mit einem vollen Tag der Fürbitte für ihren Pastor und traf sich morgens, mittags und abends, um für seine Genesung zu beten.

In hunderten oder vielleicht tausenden von Gotteshäusern wurde für ihn gebetet. Sogar der jüdische Oberrabbiner betete für ihn im Synagogengottesdienst. Geistliche der Anglikanischen Kirche beteten mit ihren Gemeinden genauso ernst für ihn wie die freikirchlichen Prediger. Dem Gebet schlossen sich auch die hohen kirchlichen Würdenträger der St. Pauls Kathedrale und der Westminsterabtei in London sowie viele Bischöfe und Erzbischöfe an.

Die weltliche und religiöse Presse Englands und anderer Länder berichtete über seinen Dienst und seine Krankheit. Unablässig trafen in seinem Hause Telegramme, Briefe und Sympathieerklärungen ein. Menschen aus allen sozialen Schichten erkundigten sich nach seinem Ergehen, angefangen vom Prinzen von Wales über einen großen Teil des Adels bis hin zu den Ärmsten des Landes.

Am 9. August wurde im Tabernakel der erste Brief verlesen, den Spurgeon nach langer Krankheit mit eigener Hand geschrieben hatte. Er war gleichsam eine Antwort auf die Gebete und eine Ermutigung, weiter für ihn bei Gott einzutreten:

„Liebe Geschwister, der Name des Herrn sei gelobt, dass er die liebevollen Gebete seines Volkes erst schenkte und dann erhörte. Durch diese Gebete ist mein Leben verlängert worden. Ich fühle mich gedemütigt und dankbar zugleich, dass mir so viel Liebe entgegengebracht wurde und so unzählige Gebete mir galten. Mir fehlt die Kraft, mehr zu schreiben. Möge der Name des Herrn verherrlicht werden.

Herzlichst Ihr C. H. Spurgeon."

Es dauerte noch eine ganze Zeit, bis es Spurgeon wieder etwas besser ging. Nachdem es manche Rückfälle der Krankheit gegeben hatte, konnte er zum ersten Mal wieder in seinem Garten spazieren gefahren werden und die heilende, frische Luft genießen. Als er danach in sein Arbeitszimmer kam, ließ er sich die in der letzten Zeit veröffentlichten Predigten und Zeitschriften zeigen. Mit Freuden stellte er fest, dass seine Mitarbeiter in seiner Abwesenheit alles so weitergeführt hatten, wie er es selbst auch getan hätte.

Als der Herbst sich dem Ende zuneigte, wurde immer deutlicher, dass Spurgeon für den Winter unbedingt einen Erholungsaufenthalt im Süden nötig hatte. Um zu testen, ob er reisefähig wäre, fuhr er im Oktober noch einmal für zwei Wochen nach Eastbourne. Da diese Reise ein Erfolg war, brach er am 26. Oktober zusammen mit seiner Frau, seinem Bruder und dessen Frau und einem Mitarbeiter nach Mentone in Italien auf. Drei Tage dauerte die Reise. Immer schon hatte Spurgeon seiner Frau einmal die Schönheit dieser sonnigen Landschaft zeigen wollen. Nun ging sein Wunsch in Erfüllung. Zugleich war es den beiden zum letzten Mal vergönnt, drei Monate glückliches Beisammensein zu genießen.

Die Gottesdienste in seinem Hotel konnte Spurgeon wegen seiner Schwäche allerdings nicht durchführen. Aber er nutzte die Zeit für literarische Arbeiten. Vor allem lag es ihm am Herzen, die Auslegung des Matthäusevangeliums fortzusetzen.

Am Silvesterabend und am Neujahrsmorgen hielt Spurgeon zwei Ansprachen im Kreise seiner engsten Freunde. Am 10. und 17. Januar hielt er auch noch zwei kurze Gottesdienste in seinem Zimmer. Wegen seiner geschwächten Gesundheit bat man ihn allerdings, hierfür keine neue Predigt auszuarbeiten, sondern Stücke aus früheren Predigten und Auslegungen vorzulesen. Am Sonntagabend, dem 17. Januar 1892, ließ er vor dem Schlussgebet in seinem letzten Gottesdienst, den er auf Erden hielt, noch ein Lied singen. Wenn man bedenkt, dass er so bald danach in die Ewigkeit abberufen wurde, hätte er wohl kaum ein passenderes Abschiedswort wählen können als diese Verse:

Der Sand der Zeit verrinnt.
Des Himmels Morgenrot,
der lang ersehnte Morgen
des Sommers bricht herein.

Wie dunkel war die Nacht!
Doch jetzt der Tag bricht an.
Und unbegrenzte Herrlichkeit
gibt's in Immanuels Land.

Bald danach verschlechterte sich sein Gesundheitszustand, und er musste das Bett hüten. Obwohl es dann noch eine leichte Besserung gab, äußerte er etwa nach einer Woche gegenüber seinem Sekretär: „Meine Arbeit ist getan." Was er danach noch sagte, ließ erkennen, dass er nicht mehr mit seiner Gesundung rechnete.

Am 26. Januar wollte die Gemeinde im Tabernakel ein Dankopfer sammeln, weil es ihrem Pastor ein wenig besser ging. Spurgeon wollte den besonderen Charakter dieses Tages nicht vergessen und schickte deshalb ein Telegramm an die Gemeinde mit folgendem Inhalt: „Ich selbst und meine Frau senden 100 Pfund als Dankopfer für das Tabernakel, allgemeine Ausgaben. Grüße an alle Freunde."

Das war das Letzte, was er hatte tun und sagen können. Bald darauf sank er in völlige Bewusstlosigkeit, bis er am Sonntagabend, dem 31. Januar 1892, die Grenze zur Ewigkeit überschritt und alle Posaunen für ihn auf der anderen Seite ertönten.

Die Nachricht von seinem Tod ging sofort um die ganze Welt. Durch die vielen Beileidsbekundungen an seine Frau waren die Telegrafenverbindungen nach Mentone blockiert. Unter den Ersten, die ihr Mitgefühl aussprachen, waren der Prinz und die Prinzessin von Wales. Unmengen von Blumen wurden an Frau Spurgeon geschickt. Aber sie ließ durchblicken, dass wohl Palmenzweige am geeignetsten wären, um den siegreichen Eintritt ihres Mannes „in die Gegenwart des Königs" deutlich zu machen.

Am Kopf- und Fußende des Sarges hatte man Tafeln angebracht, die folgende Aufschrift trugen:

Dem liebenden Angedenken
CHARLES HADDON SPURGEON
Geboren in Kelvedon am 19. Juni 1834
Im Herrn entschlafen in Mentone am 31. Januar 1892
Ich habe einen guten Kampf gekämpft,
ich habe den Lauf vollendet,
ich habe Glauben gehalten.

Die Gedenkgottesdienste und die Beerdigung fanden vom Sonntag, dem 7. Februar, bis zum darauf folgenden Donnerstag statt. Mehr als 100 000 Menschen nahmen daran teil. Auf dem Sarg lag die Bibel, die Spurgeon so lange im Tabernakel verwendet hatte. Aufgeschlagen war der Text aus Jesaja 45,22: „Wendet euch zu mir, so werdet ihr selig, aller Welt Enden." Durch diesen Text war Spurgeon am 6. Januar 1850 zum lebendigen Glauben an Christus gekommen.

Eine gewaltige Menschenmenge bewegte sich am Donnerstag, dem 11. Februar 1892, vom Tabernakel zum Friedhof. Über 18 Jahre zuvor hatte Spurgeon wie in einer Vorahnung diese Szene am Schluss einer Abendpredigt beschrieben. Damals sagte er:

„In gar nicht so langer Zeit wird viel Volks in den Straßen sein. Ich denke, ich höre jemanden fragen: ‚Worauf warten all diese Leute hier?' ‚Wissen Sie es nicht? Er wird heute beerdigt!'

‚Und wer wird beerdigt?' ‚Spurgeon.' ‚Was! Der Mann, der im Tabernakel predigte?' ‚Ja, der wird heute beerdigt.'

Das wird bald geschehen. Und wenn Sie dann sehen, wie mein Sarg zu dem stillen Grab getragen wird, möchte ich, dass jeder von Ihnen, ob bekehrt oder nicht, sagen möchte: ‚Er hat uns ernsthaft gebeten, in klarer und verständlicher Sprache, das Nachdenken über ewige Dinge nicht hinauszuschieben. Er hat uns aufgerufen, auf Christus zu sehen. Jetzt ist er von uns gegangen, unser Blut wird nicht auf ihn kommen, wenn wir verloren gehen.'

Gott gebe es, dass Ihnen die bitteren Selbstvorwürfe Ihres Gewissens erspart bleiben. Da ich fühle, dass die Zeit kurz ist, möchte ich Sie so lange beunruhigen, wie ich in diesem Tabernakel bin."

Den größten Teil dieser großen und beeindruckenden Begräbnisfeier leitete Pastor Archibald G. Brown. In tiefer Ergriffenheit, oft stockend, sagte er dabei:

„Geliebter Direktor, treuer Hirte, Fürst der Prediger, geliebter Bruder, lieber Spurgeon – wir sagen dir nicht ‚Lebewohl', sondern nur für eine kurze Zeit ‚Gute Nacht'. Bald wirst du auferweckt werden, im ersten Licht des Auferstehungstages der Erlösten. Nicht wir sagen dir ‚Gute Nacht'; du sagst es uns. Wir sind es, die noch in der Dunkelheit bleiben. Du bist in Gottes Licht. Auch unsere Nacht wird bald vorüber sein, und mit ihr all unser Weinen. Dann werden unsere Lieder vereint mit deinen den Tag begrüßen, den keine Wolke verdunkelt und der kein Ende kennt, weil es die Nacht dort nicht gibt.

Fleißiger Arbeiter im Feld des Herrn, deine Mühe ist vorbei. Gerade ist die Furche, die dein Pflug gezogen hat. Nie hast du zurückgeschaut. Geduldig hast du gesät und reichlich geerntet, und wie reich ist der Himmel schon an Garben, die du gesammelt hast, und wie viele mehr werden es noch werden.

Kämpfer für Gott, dein Kampf, den du so lange und so edel geführt hast, ist vorbei. Deine Hand muss das Schwert des Geistes, das sie so kräftig führte, loslassen. Stattdessen hält sie jetzt die Siegespalme. Der Helm drückt nicht länger deine Stirn, die so oft müde war von den bedrängenden Gedanken des Kampfes. Jetzt empfängst du den Siegeskranz aus der Hand deines höchsten Herrn.

Hier wird für eine kurze Zeit dein kostbarer Leib ruhen. Dann wird der Geliebte erscheinen, und wenn du seine Stimme hörst, wirst du dich von deiner irdischen Ruhestatt erheben, gestaltet wie sein verherrlichter Leib. Dann werden Geist, Seele und Leib die Erlösung durch seinen Herrn verherrlichen. Bis dahin, Geliebter, ruhe! Wir preisen Gott für dich, und durch das Blut des ewigen Bundes hoffen und erwarten wir, Gott mit dir zu preisen. Amen."

In der Gedächtnisausgabe einer Zeitschrift wurde noch über ein besonderes Geschehen während der Beerdigung berichtet:

Als die vielen Menschen um das Grab versammelt waren, wurde genau über ihnen ein kleines Stück blauen Himmels sichtbar. Es war, als sollten sie dadurch an das Reich von Gottes ewiger Herrlichkeit erinnert werden. Während Pastor Brown seine Ansprache hielt, kam vom Tabernakel her eine Taube auf das Grab zugeflogen. Es sah aus, als hielte sie in ihrem Flug einen Augenblick inne und stünde still über der Menge. Für die Gemeinde war dies ein Zeichen des Friedens Gottes. Während des weiteren Verlaufs der Beerdigungsfeier hörte man auf einem Grabstein in der Nähe längere Zeit ein kleines Rotkehlchen singen. Denkt man an eine bekannte Legende, so passte auch dieses Ereignis zum ganzen Geschehen. Die Legende sagt, das Rotkehlchen habe seine rote Brust bekommen, als es beim Tod Christi am Kreuz einen Dorn aus der blutenden Stirn des Erlösers herausgezogen habe. Natürlich glaubt die Gemeinde nicht an die Legende, sondern sie hält es mit der Wahrheit, die Spurgeon sein Leben lang verkündigt hat. Denn sie sang am Grab:

Sterbendes Lamm, dein kostbares Blut
wird niemals verlieren seine Macht,
bis all die erlöste Gemeinde des Herrn
ist errettet von Sünde und Nacht.

So beeindruckend und einzigartig die Trauergottesdienste auch waren, so waren sie doch von großer Einfachheit geprägt. Als der Sarg in die Erde gesenkt wurde, war nicht einmal der Name von Spurgeon sichtbar. Nichts als die Worte am Fuße des Sarges und die offene Bibel waren zu sehen. Die Bibel wurde natürlich nicht ins Grab gesenkt. Eigentlich kann man sie ja auch gar nicht begraben, selbst wenn man ein Bibelbuch in der Erde verscharrte. Die Worte, die sie enthält, sind nicht tot, sondern leben und bleiben für alle Zeit. Die Bibel blieb auch nach Spurgeons Tod das Mittel, wodurch Menschen aus der Gottesferne in die Gemeinschaft mit Gott gerufen wurden. Auch wenn Spurgeon nun nicht länger diese Gotteswahrheiten durch seine lebendige Stimme verkündigen konnte, haben es bis heute viele andere nach ihm getan. Sein Leben und Wirken soll auch in unseren Tagen ein Anstoß sein, selber den Glauben an Jesus Christus zu finden und Gottes Ruf zu hören, diese Botschaft weiterzusagen.

Autorenadresse:
Lotte Bormuth
Sperberweg 8
35043 Marburg
Telefon 06421/41347

Weitere Titel der bekannten Autorin:

Lotte Bormuth
Dostojewski. Dichter, Denker, Christ
Bestell-Nr. 330 645
ISBN 3-86122-645-6
160 Seiten, Paperback

Wer den Menschen in seiner Zwiespältigkeit von Gut und Böse kennen lernen will, der muss zu Dostojewski greifen. Der Dichter setzt der Niedertracht des Menschen die Macht Jesu entgegen. Keiner hat den großen russischen Schriftsteller so fasziniert wie die Person Jesu Christi. Noch in seiner letzten großen Rede bezeugt er: „Mag unser Land arm sein, aber dieses arme Land durchwandert Christus in Bettlergestalt."

Lebensnah und bewegend erzählt die Autorin von Höhen und Tiefen im Leben des großen Dichters. Ein ergreifendes Lebensbild und ein bewegendes Beispiel des Glaubens.

Lotte Bormuth

Geprägt von Liebe

Das Leben des Fritz von Bodelschwingh

Bestell-Nr. 330 507
ISBN 3-86122-507-7
104 Seiten, Taschenbuch

„Wie gerne hat Bodelschwingh die Kinder gehabt. Sie waren seine Lieblinge. Oft hat er gerade bei den Schwächsten Kindergottesdienst gehalten und ihnen die Geschichten von Jesus erzählt. Diese kleinen Jungen und Mädchen hingen ihm am Munde in großer Stille und mit herzhaftem Lachen. Der Pastor verstand es, ihnen Jesus vor die Augen zu malen."

Euthanasie – eine der Geißeln des Dritten Reiches. Mit der Genforschung unserer Tage kommt dieses Thema wieder auf die Tagesordnung: Was darf an einem Fötus nicht fehlen, wenn er überleben soll? Was sagt Gott zu einem Auswahlverfahren dieser Art? Bodelschwingh, der Leiter der gleichnamigen Anstalten in Bethel, hat diese Fragen unter Einsatz seines Lebens beantwortet: Keiner seiner geliebten Schützlinge wurde im Dritten Reich in die Gaskammern abgeholt. Lotte Bormuths erschütterndes Lebensbild rückt Maßstäbe zurecht.

Lotte Bormuth
Geschichten, die das Herz bewegen
Bestell-Nr. 330 646
ISBN 3-86122-646-4
240 Seiten, gebunden

Von den Ereignissen, aus denen die großen Aufmacher der Tageszeitung geschnitzt werden, bis zu den alltäglichen Begebenheiten unseres Lebens. Zahllos sind die Schicksale, die in unendlichen Facetten eine entscheidende Menschheitserfahrung widerspiegeln: Es geht kein Mensch über diese Erde, den Gott nicht liebt.
Lotte Bormuth, die unermüdliche Chronistin dieser Liebe, hat neue Belege.

– Da ist die tumorkranke Schwangere, die sich entscheiden soll zwischen dem eigenen Leben und dem ihres ungeborenen Kindes. Bis Gott einen ganz anderen Weg mit ihr geht ...
– Da ist die junge deutsche Flüchtlingsfrau, die keinen Platz mehr findet auf dem letzten Evakuierungsschiff und sich von Gott verlassen glaubt. Bis sie vom Untergang der Gustlow hört ...
– Da sind aber auch die ganz alltäglichen Zweifel und Durchbrüche, Lerneinheiten und Bewahrungen, die ein Leben mit Gott so lebenswert machen ...

Ob sie uns zu Tränen rühren oder zum Schmunzeln reizen – in Lotte Bormuths Geschichten erkennen wir uns wieder und den Gott, der unser Leben so liebevoll in seinen Händen hält.

Titel von Lotte Bormuth

Aufregend aber schön
Bestell-Nr. 330 492, 144 Seiten, Taschenbuch

Hoffnung wir immer groß geschrieben
Bestell-Nr. 330 513, 176 Seiten, Taschenbuch

Lachen und Weinen bei Wind und Wetter
Bestell-Nr. 330 456, 167 Seiten, Taschenbuch

Geprägt von Liebe
Bestell-Nr. 330 507, 102 Seiten, Taschenbuch

Mein Lied für Gott
Bestell-Nr. 77 808, 106 Seiten, Taschenbuch

Dir, Herr, darf ich alles sagen
Bestell-Nr. 55 683, 64 Seiten, Taschenbuch

Als die Nacht ganz hell wurde
Bestell-Nr. 330 524, 160 Seiten, gebunden

Und doch lacht mir die Sonne
Bestell-Nr. 330 917, 136 Seiten, Taschenbuch

Schicksale
Bestell-Nr. 330 570, 240 Seiten, gebunden

Dostojewski. Dichter, Denker, Christ
Bestell-Nr. 330 645, 160 Seiten, Paperback

Geschichten, die das Herz bewegen
Bestell-Nr. 330 646, 240 Seiten, gebunden

In unserer Reihe „Biografien" liegen außerdem vor:

Sam Wellman
Billy Graham – Licht in der Dunkelheit der Welt
Bestell-Nr. 330 532
ISBN 3-86122-532-8
208 Seiten, Paperback

Das Leben des populärsten Evangelisten aller Zeiten, packend nacherzählt von einem Meister des zeitgeschichtlichen Romans.

Wer hätte das gedacht – der Bauernbub mit dem Ruf eines Früchtchens wird zum „Ausnahme-Prediger", der Frucht bringt für das Reich Gottes. Sein Ackergerät: die ganze Bandbreite der Massenmedien. Mit ihrer Hilfe bringt er Ernten heim wie kein anderer Prediger zuvor. Was mit einem dahingestotterten Lebenszeugnis vor Knastbrüdern beginnt, endet im Lichtkegel der internationalen Öffentlichkeit: Als eine führende Persönlichkeit in der christlichen Gemeinde des 20. Jahrhunderts wird er respektiert, und sein Rat ist gefragt – in Washington wie in Warschau.

Staunen, Schmunzeln, Weinen und Mitfiebern – alles ist drin bei der Geschichte des Farmersohns aus North-Carolina, der furchtlos die Gräben zwischen den Rassen und Ideologien dieser Welt überspringt, weil er ein Ziel hat: ausgerechnet die Menschen mit dem Glauben anzustecken, die immun zu sein scheinen.

Sam Wellman

Florence Nightingale – er heilt alle ihre Wunden

Bestell-Nr. 330 533
ISBN 3-86122-533-6
192 Seiten, Paperback

Es gibt für sie nicht die Spur eines Zweifels – Gott hat sie in seinen Dienst gerufen. Wie dieser jedoch aussieht, wird nicht leicht zu erklären sein. Arbeit hat nämlich keinen Platz im Leben vornehmer Damen im England des 19. Jahrhunderts. Schon gar nicht in der verseuchten Atmosphäre britischer Armee-Lazarette. Doch ausgerechnet hierher glaubt sie sich gerufen! Aufopfern will sie sich für die kranken, verwundeten und sterbenden Soldaten, kämpfen will sie für deren Rechte in einer gleichgültigen Gesellschaft.

Was niemand für möglich hält – sie schafft es tatsächlich. Bewaffnet mit einer Karbidleuchte zieht sie über die Schlachtfelder – mitten durch die Hölle des Krim-Krieges. Damit entfacht sie ein Leuchtfeuer, das der ganzen medizinischen Welt den Weg in eine menschlichere Zukunft weisen wird. Und bald schon verehrt ganz Europa sie als die „Lady mit der Lampe" ...

Ross Campbell
In den Stürmen meines Lebens
Bestell-Nr. 330 643
ISBN 3-86122-643-X
256 Seiten, Paperback

Seine Bücher wurden ausnahmslos Bestseller, Ross Campbell ist der Altmeister christlicher Erziehungsliteratur. Wohl nicht zuletzt deshalb, weil der Kinder- und Jugendpsychiater in seinem Leben mit Erfahrungen konfrontiert wurde, die seinen Glauben kräftig durchgerüttelt haben und er an Grenzen seines Charakters stieß, zu denen er heute noch steht.

Ob als Marineoffizier mit dem Daumen auf dem roten Knopf zum Beginn des Dritten Weltkrieges oder als Missionsarzt im Sturzflug über dem nachtschwarzen Amazonasdschungel, ob als leidgebeugter Vater eines schwerstbehinderten Kindes oder als hysterischer Schwiegervater in spe – er und seine Familie lassen uns in diesem Buch teilhaben an den ernsten und heiteren „Sternstunden“ seines Lebens und Glaubens.

Stephen Lungu

Der aus dem Schatten trat

Vom Bombenleger zum Missionar

Bestell-Nr. 330 597

ISBN 3-86122-597-2

256 Seiten, gebunden

Stephens Mutter ist 14, als sie ihn zur Welt bringt, verheiratet mit einem vierzig Jahre älteren Mann. Als er mit sieben Jahren ein Alter erreicht hat, in dem andere Kinder beginnen, die Welt zu erobern, verlässt sie ihn und seine beiden kleinen Geschwisterchen und schickt ihn auf einen Weg durch die Hölle.

Fortan füllt er seinen Magen mit dem Müll der Weißen und schläft unter den Brücken der Hauptstadt. Sein letztes Mittel im täglichen Überlebenskampf ist die Gewalt. Nur bei seinen Waffenbrüdern in der Gang der „Schwarzen Schatten" findet er Annahme, Treue und eine Religion: Die Revolution. Und bald auch eine besondere Aufgabe, das Bombenwerfen.

Als ein Evangelist in die Stadt kommt, hat er endlich ein spektakuläres Ziel. Ein Inferno bahnt sich an, als er mit seinen Benzinbomben das Zelt betritt ...

Was dann kommt, ist fesselnder als ein Thriller.